누구나
처음 엄마

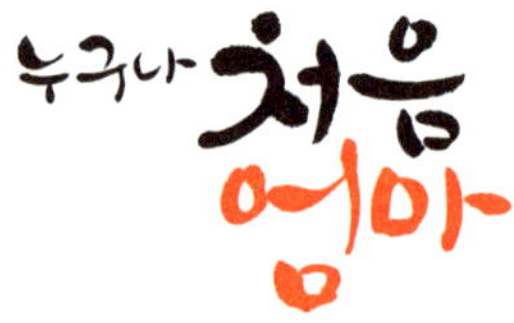

초판 1쇄 인쇄일 2015년 4월 17일
초판 1쇄 발행일 2015년 4월 24일

지은이 오.영
펴낸이 문미화
펴낸곳 책읽는달

주소 서울 영등포구 양평로 149 우림라이온스밸리 A동 1408호
전화 02)2638-7567~8
팩스 02)2638-7571
블로그 http://blog.naver.com/bestlife114
출판등록번호 제2010-000161호

ⓒ 오.영, 2015

ISBN 979-11-85053-20-2 (13370)

지치고 외로운 초보 엄마를 위한
명언 테라피

누구나 처음 엄마

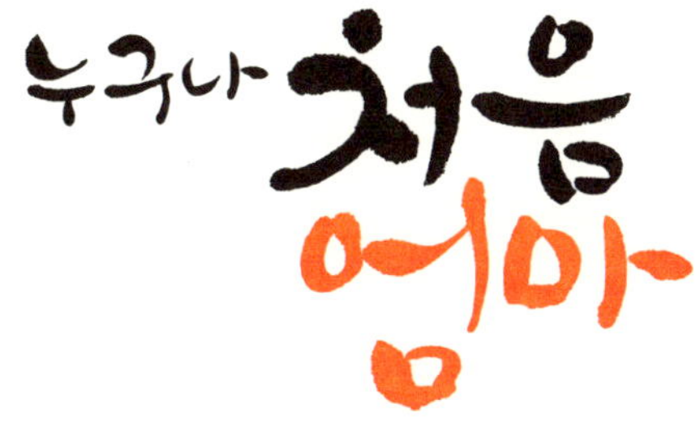

• 오.영 지음 •

First
time
Mother

책읽는 달

처음 엄마가 또 다른 처음 엄마에게

같은 아파트에 두 돌 반, 11개월 된 연년생 아이들을 기르고 있는 엄마를 알고 있습니다. 한 달 터울인 우리 둘째와 그녀의 첫째가 사뭇 잘 어울려서 종종 우리 집으로 초대하곤 합니다. 육아에 치여 많이 힘든 그녀에게 밥 한 끼라도 맘 편히 먹게 해주고 싶지만 돌도 안 된 녀석 덕분에 그것도 쉽지 않습니다. 나도 두 딸들이 어릴 때 육아가 너무 힘들어 울면서 호박을 잘랐던 경험이 있던 터라 많은 부분, 그녀의 일상에서 나를 다시 봅니다.

많은 엄마들이 서로에게 쉽게 마음을 여는 것은 인생을 뒤흔든 육아의 경험 덕분일 겁니다. 육아의 고충을 나누고 조언을 구하고 때론 내 아이, 남의 아이 구분 없이 서로 웃고 울 수 있는 여자들, 엄마들을 나는 무척 좋아합니다.

이 책을 쓰면서 나는 내 아이들, 내 친구의 아이들, 나와 남편을 돌아볼 수 있었습니다. 매일매일 힘들었어도 종종 즐거웠고 때론 좌절하기도 했던 시간을 겪으며 우러난 생각 조각들이 이 안에 담겨 있습니다. 이 이야기들은 내가 좋아하는 '엄마'들을 위한 것입니다. 삶의 굴레 안에서 생명을 키우며 바쁜 그녀들을 위한 짧은 수다같은, "너도 그랬니? 나도 그랬어"라며 커피라도 한 잔 앞에 두고 술술 풀어내는 이야기가 이 책일 겁니다. 무엇보다도 매일 비슷한 종류의 실수에 반성하며 쇄신의 의지를 세웠다가도 어느새 흐지부지 무뎌지는 나와 같은 엄마들에게 "우리, 그래도 잘 해보자"라며 북돋우는, 누군가가 차려주는 밥 한 끼 같은 책으로 읽혔으면 좋겠습니다.

2014년 여름, 나는 이 책을 썼습니다. 그리고 2015년 봄, 이 책은 세상에 나왔습니다. 품고 다듬어서 세상에 내놓는 일이 아이 키우는 일과 흡사합니다. 시간이 걸리는 일이었고 마음이 쓰이는 일이었습니다.

그 사이, 내 아이들은 또 달라져 있습니다. 작년 여름에 입었던 옷들은 올 여름, 대부분 누군가에게 물려주어야 할 겁니다. 자란 아이들에 맞춰 나도 또 계속될 시행착오를 준비합니다. 그렇게 모든 엄마들도 자라겠지요.

마지막으로 나를 발견해준 책읽는달에 감사하며, 이 책에 지대한 공헌을 한 내 딸들 최-크로우 이든, 최-크로우 이준과 남편에게 사랑의 말을 전합니다. I love you guys more than anything in the whole world, Edyn, Ejune and Trev.

2015년 3월, 여전히 봄이 오지 않은 토론토에서 오. 영

CONTENTS

1 아이와 줄다리기를 시작했다면

love
you

1

아이와
줄다리기를
시작했다면

엄마의 믿음, 아이의 운명

네 믿음은 네 생각이 된다. 네 생각은 네 말이 된다. 네 말은 네 행동이 된다.
네 행동은 네 습관이 된다. 네 습관은 네 가치가 된다. 네 가치는 네 운명이 된다.

Your beliefs become your thoughts. Your thoughts become your words.
Your words become your actions. Your actions become your habits.
Your habits become your values. Your values become your destiny.

마하트마 간디 Mahatma Gandhi • 영국령이었던 인도 독립을 이끈 비폭력평화운동의 지도자

큰아이 이든이는 가끔 지루하거나 짜증이 날 때 이렇게 말합니다.

"아, 못하겠어. 다시는 안 할 거야."

그럴 때마다 나는 이렇게 말합니다.

"피곤한가 보다. 좀 쉬었다 해보자."

아이는 피곤한 게 아니라 자기는 못하는 거라고 말합니다. 아이
들의 마음에는 '지금'이라는 단어만이 존재하나 봐요. 지금 못하겠

으니 계속 못할 것 같은 느낌. 그 느낌에서 벗어나게 해주고 싶었습니다.

"이든이는 할 수 있어요. 다만 지금은 피곤한 것 같아요. 이거 말고 다른 거 해보아요."

'다른 거'라는 말에 아이의 눈빛이 변합니다. '지금'과 '이것'만 생각하는 아이에게 '나중'과 '다른 것'을 제공해주세요. 어른들도 지칠 때면 다른 일을 하고 싶은데 아이들은 오죽할까요.

그리고 '할 수 있어'라는 말을 꼭 덧붙여주세요. 아이가 벌써 포기를 배우면, 자라면서 만나게 될 스트레스를 어떻게 감당할까요? 그러니 믿어주고, 말해주고, 제안해주세요. 엄마가 아이의 가능성을 믿고 격려하는 만큼 아이는 크게 자랄 테니까요.

존재,
그 자체의 소중함

때로는 살아있는 것조차도 용기가 될 때가 있다.

Sometimes even to live is an act of courage.

세네카 Seneca • 로마 황제 네로의 조언자이기도 했던 철학자

같은 아파트에 사는 꼬마 이유네 일입니다. 안타깝게도 이유에게 백혈병이 찾아왔습니다. 이웃들이 번갈아가며 밥을 해 날랐습니다. 아이가 아프니 이웃 엄마들마저 눈물을 많이 흘렸습니다.

하루하루가 살얼음을 걷는 이유네 가족의 형편이 이유 오빠가 그린 그림에 배어 나왔습니다. 가족을 그린 그림에 하나같이 '엄마, 아프지 마요. 아빠, 아프지 마요. 이유야, 아프지 마'라고 쓰여 있었

습니다. 이유네 가족에게 제일 중요한 건 건강입니다.

큰아이가 수족구병에 걸렸을 때였습니다. 입안이 다 헐어 이틀 동안 아무것도 먹지 못한 아이 때문에 혼이 쏙 빠졌습니다. 사흘째 물을 마셨고 나흘째 좀 차도가 보였죠. 애가 아픈 동안 속이 타들어 간 건 이유네 가족에 비하면 아무것도 아닐 겁니다. 그래도 우리 가족에게 제일 중요한 건 건강입니다.

아이가 건강하다면 그보다 더 감사한 일이 없습니다. 아이가 아프다면……그래도 희망이 있습니다. 아이가 곁에 있다는 그 자체만으로도 부모 된 자는 숨 쉴 수 있습니다. 그러니 지친 마음 다독이고 힘을 내요, 우리.

'밀당'의 기술

If you cannot subdue someone with gentle words,
you cannot even try to subduing anyone with harsh words.

안톤 파블로비치 체호프 Anton Pavlovich Chekhov • 19세기 러시아 극작가, 단편소설가

다섯 살인 큰딸 이든이는 눈을 뜨자마자 꼭 어린이 만화를 한 편 봐야 합니다. 한 편을 보고 나면 동생을 부추겨 한 편 더 보자고 엄마에게 협상을 요구합니다. 비단 만화만이 아닙니다. 사탕이나 초콜릿을 먹기 위해서는 싫어하는 버섯도 먹을 겁니다. 매일 협상과 어르기의 연속입니다. 삐치기는 또 얼마나 잘 삐치는지.

머리끝까지 화가 날 때도 잦습니다. 특히 욕조 목욕과 샤워를 놓

고 실랑이를 할 때는 자제심을 잃을 때가 많습니다. 피곤해도 아이들을 안 씻길 수가 없어서 빨리 샤워를 하자고 내가 말하면 두 딸은 "싫어요!"를 연발합니다. 자제심을 잃고 아이들에게 소리 지르면 아이들은 더 크게 울어버립니다. 이럴 때 협상이 필요합니다.

"엄마가 피곤해서 그래. 빨리 샤워하고 책 읽자. 욕조에서 목욕하면 책 읽을 시간이 없을 거야."

첫째는 한숨을 쉬면서 알았다고 하고 둘째는 언니가 그런다니 별 말 없이 협상이 끝납니다. 매일 해야 하는 일에 자제심을 잃으면 잠들 때까지 서로 기분이 나쁩니다. 엄마인 나도 때로는 "몰라! 안 해!"라고 말하고 싶지만 그럴 수 없으니 협상과 제안을, 당근과 채찍을 휘두릅니다. 매번 이길 수는 없지만, 또 아이를 이겨서 뭐할까 싶기도 하네요.

사랑받는
아이

큰아이가 네 살 때 종종 장난처럼 물었습니다.

"엄마, 내가 미운 짓을 해도 사랑해?"

"그래도 사랑해. 화가 좀 나지만 사랑해."

혹시라도 엄마의 사랑을 의심하나 저어해 진지하게 말했습니다.

그후 딸아이가 친구에게 말했답니다.

"지은아, 사랑해."

딸아이의 친구는 이렇게 대답했습니다.

“난 우리 엄마를 사랑해.”

딸은 미소를 띤 채 부드럽게 말했습니다.

“그래도 사랑해.”

이제 지은이는 딸에게 사랑한다고 먼저 말합니다.

사랑을 자주 표현하세요. 아이들도 사랑이 뭔지 압니다. 사랑받고 자란 아이가 사랑할 줄 압니다. 더욱이 흔들림 없는 사랑을 받고 자란 아이는 어떤 상황에서도 의연합니다. 돌아갈 곳이 있다는 안정감은 아이 스스로 세상을 탐색하고 모험하도록 용기를 북돋아줍니다. 그리고 상처를, 실패를 무릅쓰고 사랑을 찾아냅니다.

결국은 우리 모두 사랑하고 사랑받으려고 애쓰고 있지는 않나요? 사랑받아 행복한 건 비단 어른뿐만이 아닙니다. 내 아이가 어른이 되어서도 스스럼없이 사랑한다면 얼마나 행복한 삶을 사는 걸까요. 그걸 내가 가르쳤다면 정말 감사할 따름입니다.

내 아이에게
친절하기

Be kind whenever possible. It is always possible.

달라이 라마 Dalai Lama • 티베트의 종교 · 정치 지도자. 14대 달라이 라마는 2011년 은퇴

어릴 때, 나는 날카로운 말을 즐겨 했습니다. '싸가지 없다'는 소리를 들을 만큼 공격적이기도 했습니다. 유머를 섞어 던지는 날카로운 말에 웃어주는 이가 많았으나 사회생활이 쉽지 않았습니다. 그래서 변했습니다. 조심스럽게 말하고 조심스럽게 행동했습니다. 그러니 주위의 사람들도 내게 부드러워졌습니다.

아이 엄마가 되고 나서 나는 더 친절하려고 노력했습니다. 무례

하게 보였을 내 어린 날의 언행이 조금이라도 아이에게 전이될까 봐 나를 비웠습니다. 그랬더니 친절한 사람, 부드러운 사람이라고 불립니다.

"엄마, 이모는 친절한데 엄마는 왜 그래?"

이웃에 사는 아이가 내 앞에서 엄마에게 핀잔을 주었습니다. 그녀는 어떻게 애한테 그렇게 친절할 수 있느냐며 몇 번이나 물었습니다.

친절은 부메랑 같습니다. 늘 배가 되어 돌아옵니다. 그래서 관계를 부드럽게 만듭니다. 무엇보다 남에게 친절하기보다 내 아이에게 친절하기가 훨씬 쉽고 훨씬 이롭습니다.

반항 다스리기

"안 돼! 싫어! 내가 할 거야!"

아이가 돌이 지나면서부터 계속 했던 말입니다.

"하기 싫어! 아무것도 안 할 거야!"

아이가 네 돌이 지나면서 쓰기 시작한 말입니다.

한 번 거스르기 시작하면 막무가내입니다. 속으로는 '아, 또 시작
이구나'라고 생각해도 천천히 마음을 가다듬고 심호흡을 하며 말

합니다.

"속상했니? 엄마가 하지 말라고 해서 싫었어?"

이렇게 마음을 어루만져주면 아이는 눈물이 가득해서는 고개를 끄덕입니다. 아이는 아이대로 속상한 것이 분명히 있으니까요. 한참을 다독여주면 슬쩍 기분이 풀리는지 스스로 환기할 거리를 찾아갑니다. 그러면서 아이는 감정을 다스리는 법을 알아갑니다.

아이가 클수록 더 반항하는 것 같아요. 다그치거나 혼을 내면 거부감만 들 테니 작은 마음을 어루만져주세요. 자기만의 방법을 찾아가느라 그러려니 생각하고 기준을 다시 알려주세요. 아이는, 자라고 있어요.

어른아이;
부모를 생각하다

아이를 키우면서 알게 되었습니다. 내 부모의 방식으로 아이를 대할 때가 있다는 것을요. 그것도 내가 원치 않던 모습으로 말입니다. 그럴 때마다 생각했습니다.

'내 아이에게는 그럴 수 없다.'

부모로부터 사랑받지 않았던 게 아닙니다. 부모님을 사랑하지 않는 게 아닙니다. 다만, 조금 더 존중받았더라면, 조금 더 이해받았더라면…… 하는 안타까움이 있을 뿐입니다. 아이를 키우면서 또 알게 된 건, 나의 부모님, 그들도 무척 힘들었을 거라는 사실입니다. 엄마가 되고 보니 알 수 있습니다. 늦게라도 이해하게 되어 다행입니다.

그러나 내가 상처받았던 방식으로 아이를 키우지 않도록 노력하고 있습니다. 내 안의 아이가 그러지 말라고 합니다. 사랑은 사랑, 상처는 상처입니다.

맞으며 자랐던 나는, 아이들을 때리지 않습니다. 아이를 놀리는 일이 놀이라고 생각했던 부모님의 방법으로 놀아주지 않습니다. "어린 게 건방지게"라며 무시하지 않습니다. 들어주고, 놀아주고, 배려하고, 존중하고 있습니다.

내 아이들이 엄마가 되었을 때 나와 같을까요? 상처 주고 싶어서 준 것이 아닌 상처를, 내 아이들도 가지게 될까요? 알 수 없지만 오늘도 노력합니다. 그러면서 내 안의 아이가 치유됩니다.

사랑
표현하기

Life's greatest happiness is to be convinced we are loved.

빅토르 위고 Victor-Marie Hugo • 프랑스의 시인이자 작가. 대표작 《노트르담의 꼽추》, 《레미제라블》

엄마, 아빠의 욕심으로 첫째 아이는 두 돌이 지나자마자 '언니'가 되었습니다. 그래서 그런지 첫째는 '아기 놀이'를 좋아합니다. 이제 막 태어난 아기라면서 엄마 무릎에 누워 우는 흉내를 냅니다. 그러면 나는 첫째가 태어난 순간으로 돌아가 첫째에게 찬사를 퍼붓습니다.

둘째 이준이는 언니가 엄마에게 안기는 걸 보질 못합니다. '내 엄마'라며 언니를 엄마에게서 떼어놓으려 안간힘을 쓰죠. 태생적 경쟁 관계에 있는 두 딸을 보면 마음 아픕니다. 가끔 첫째는 이렇게 묻습니다.

"엄마, 이준이보다 내가 더 예뻐?"

아이가 원하는 대답이 뭔지 알면서도 더 예쁘다고 할 수가 없습니다. 똑같이 예쁘다고 할 수도 없습니다. 그저 다른 방식으로 사랑을 표현합니다. 언니, 동생의 구분보다 "너를, 너니까 사랑해"라고 말합니다. 비교하지 않도록 조심합니다. 각자 좋아하는 방식으로 안아주고 쓰다듬어주고 말해줍니다.

첫째가 귓속말로 속삭입니다.

"엄마, 사랑해."

둘째가 목을 끌어안고 나에게 뽀뽀를 합니다.

나도 사랑받아 행복합니다.

감정의 폭풍이
지나간 후에

랄프 왈도 에머슨 Ralph Waldo Emerson · 미국의 시인이자 사상가

복도식 아파트에 살고 있습니다. 복도에서는 현관문을 통해 흘러 나오는 다른 집의 소리를 들을 수 있어요. 쓰레기를 버리러 나갔다가 한 집의 아빠가 고함치는 걸 들었습니다. 아이에게 엄청나게 큰 소리로 훈계하는 소리에 내 몸이 오그라들었습니다.

그 아빠가 저렇게 노발대발해서 소리 지를 거라고는 생각지 못해서 더 놀랐습니다. 그는 늘 얼굴에 웃음을 띠고 조용한 목소리로 부드럽게 말하곤 했거든요.

나도 마찬가지입니다. 남들에게는 소리 지르고 화낼 일이 별로 없었어요. 하지만 남편이나 내 아이들에게는 어쩜 그렇게 벌컥벌컥 화를 잘 낼까요. 그러고 나면 꼭 마음 아파하면서 말이에요.

따지고 보면 안 그런 집은 별로 없는 것 같습니다. 가깝기 때문에, 사랑하기 때문에 감정을 숨김없이 드러내는 게 한편으로는 당연하기도 합니다.

문제는 감정의 폭풍이 지나간 다음의 잔해 처리입니다. 화가 삭고 나면 미안하잖아요. 그럼 미안하다고 말해주세요. 남편과 싸워도 미안하다는 말에 마음이 풀리듯, 아이들에게도 미안하다고 해주세요. 화를 자주 내더라도 아이들의 마음에 흉 지지 않게 만져준다면 아이들은 부모의 사랑을 의심하지 않을 거예요.

떼쟁이
다루는 법

아이들을 키우면서 행복하기도 하지만 힘든 일도 많습니다. 그래도 다행히 우리 아이들은 아직까지는 큰 문제 없이 자라주고 있습니다. 주변에서 아이들의 성격이 좋다는 이야기를 해주면 기분이 좋으면서도 "늘 이렇게 잘 지내는 건 아니에요"라고 덧붙일 수밖에 없습니다. 육아에 바람 잘 날이 있을까요.

한 친구는 악을 쓰며 떼쓰는 자신의 아이를 어떻게 키워야 하느냐고 묻습니다. 아이가 외동이라 그런지 이기적이며 신경질적으로 소리를 지를 때는 자신도 화가 치민다고 합니다. 내 아이도 마찬가지라며 다른 친구가 덧붙입니다. 잘 놀다가도 한번 수틀리면 이게 내 새끼인가 싶을 정도로 악에 찬 인간으로 변한다며.

소아정신과 의사이자 육아서 베스트셀러 작가이기도 한 신의진 씨도 다루기 힘든 아이들 때문에 힘들었다고 합니다. 지금은 잘 자랐지만 아이가 자라는 동안 좌절과 희망 사이에서 줄타기를 했다는 그녀가 말하는 최상의 해답은 '기다림'입니다. 지치지 않고 지원하며 기다려주면 아이는 번듯하게 스스로 길을 찾는다며 희망을 이야기합니다.

인간은 적어도 사춘기가 지나야 뇌 발달이 어느 정도 궤도에 오릅니다. 살아온 것보다 더 살아야 사춘기를 지날 아이들입니다. 다루기 힘든 건 당연한 과정인 것 같아요. 내 아이여서 더 힘든 기다림이겠지만 그래서 더 큰 희망을 품을 수 있습니다. 큰 결과에는 큰 희망이 있었다는 어느 철학자의 말이 떠오릅니다.

비교 금지

칼릴 지브란 Khalil Gibran • 레바논의 시인이자 작가. 대표작 《예언자》, 《모래와 거품》 외 다수

성악가 가족을 알고 있습니다. 부모는 모두 성악과 교수이고 첫째, 셋째 자녀는 모두 미국의 유명한 음악 대학 줄리아드를 졸업하고 성악가가 되었습니다. 둘째 자녀는 성악가가 될 만한 소리통이 없었지만 연주를 하는 데는 재능이 있습니다. 지금도 첼로와 베이스기타를 연주하며 밴드 활동을 간간이 합니다. 하지만 직업이 음악가는 아닙니다. 그는 맥주 공장 노동자였다가 커피숍에서 일했다

가, 지금은 어디 먼 지방에서 무언가를 합니다.

그는 언제나 특이한 행동으로 사람들의 이목을 끌었습니다. 양말을 짝짝이로 신기는 기본입니다. 남들이 양말이 짝짝이라고 알려주면 오히려 기쁜 듯, "난 개의치 않아요" 하고 즐거워합니다. 늘 시끄럽게 대화를 주도하고, 자신에게 관심을 주지 않는 이들은 과감히 무시하거나 괴롭히기까지 합니다.

그는 우월한 형제들 사이에서, 감히 근접할 수 없는 부모 밑에서 결핍상태로 어른이 되었습니다. 그러니 그는 어디에도 정착하지 못하고 겉돕니다. 그의 안에 있는 '상처받은 아이'가 너무 가엽습니다.

아이들을 비교하지 마세요. 큰 기대로 인한 강요도 마세요. 아물 수 없는 아이의 상처는 어른이 되어서도 영향을 미칩니다.

지금,
당장 실행하기

A good plan violently executed now is better than a perfect plan executed next week.

조지 패튼 George S. Patton · 제2차 세계대전 중 공을 세웠던 미국 장군

그동안 읽어본 육아 책에서 그러더군요. 아이의 식습관은 아이가 자라면서 좋아진다고. 확실히 그렇긴 합니다. 두 살 때에 비하면 다섯 살인 지금은 피망도 먹으니 말입니다. 그런데 왜 먹는 속도는 달팽이 같은 걸까요. 왜 먹다가 춤을 취야 하는 걸까요. 바쁜 아침에 아이를 먹이고 엄마도 먹으려면 인상을 쓰고, 큰소리를 지르기 마련입니다.

"이든이! 자꾸 밥 먹다 일어나면 그릇 치울 거예요."

내가 말하면 아이는 안 된다며 식탁으로 달려옵니다. 하지만 그때뿐, 1분도 안 돼서 또 장난감으로 갑니다. 그래서 그릇을 치웠습니다. 아이는 울고 불며 기회를 한 번 더 달라고 했습니다.

"미안하지만 어쩔 수 없어요. 약속은 약속이에요."

밥을 덜 먹고 유치원에 가는 아이를 보는 게 좋지는 않았습니다. 하지만 확실히 효과가 있었습니다. 이제는 식탁에서 일어나기 전에 허락을 구합니다.

부모가 "다음에는 그렇게 할 거야"라고 말하면 아이들은 '지금은 안 해도 돼' 쯤으로 들리나 봐요. '다음'이라고 하지 말고 실행하세요. 아이가 엄마의 한계를 실험하게 두지 마세요. 떼를 써도 안 통하는 걸 보여주세요. 그 다음에는 엄마가 지그시 아이를 보기만 해도 제압이 가능해져요.

반성
하기

아빌라의 성 테레사 Saint Teresa of Avila · 16세기 스페인의 성자

아이가 의사표현을 하게 되면서 나에게 문제 제기를 시작했습니다.

"엄마가 지난번에 이렇게 했잖아요."

"그렇게 하는 거 싫다고 말했는데 왜 또 해요?"

이렇게 말하는 아이의 말에 마음이 뜨끔할 때가 있습니다. 아이가 많이 컸어요.

아이들이 자랄수록 이런 문제 제기가 비일비재할 겁니다. 아이의 문제 제기가 합당하다고 생각하면 시인하세요. 가볍게.

"아, 그랬지. 미안해. 엄마가 잠깐 실수했네."

그러면 아이가 웃으면서 말합니다.

"그랬구나. 다음엔 하지 마세요."

엄마가 시인하면 아이도 수긍합니다. 엄마의 실수가 부끄러운 건 아니에요. 부끄러운 건 실수를 인정하지 않고 아이를 윽박지르는 거죠. 반성은 '인정'에서 나옵니다.

아이가 반성하고 올바른 일을 하길 원한다면 엄마가 먼저 해야 해요. 엄마는 아이의 '롤 모델'이니까요.

장점
찾기

아일랜드 속담 Irish Proverb

아무리 따져도 내 아이는 천재가 아닌 것 같습니다. 천재들에게
는 숨길 수 없는 어떤 것이 있다는데 내 아이에게서 아직 발견되지
않았으니까요. 엄마, 아빠가 천재는 아니니 아이도 천재일 확률이
낮은데 왜 섭섭한지 모르겠습니다. 하지만 아직 백 퍼센트 인정한
건 아닙니다. 언젠가 나타날 천재성을 기다리고 있는지도 모릅니다.
　내 아이는 천재가 아니지만 따뜻한 아이입니다. 사려 깊은 아이가 되라고 지은 이름처럼 그러합니다. 그래서 친구도 잘 사귀고 동생도 잘 돌봅니다. 그런 아이를 볼 때마다 사실 뿌듯합니다.

아이의 단점이 보일 때 장점을 생각해보세요. 어떤 사람들은 장점 리스트를 써보라고도 권해요. 스무 가지 이상 찾아보라고요. 하지만 스무 가지나 필요하진 않아요. 장점이 없는 아이들은 없으니까요.

아이에게도 엄마가 찾은 장점을 말해주세요. 그런 대화는 엄마와 아이 모두를 행복하게 해줍니다.

이해의
신비

"왜 그래?"

아이에게 물어봤자 아이는 말이 없습니다. 오히려 아이는 울어버리거나 시무룩해지죠. 엄마는 점점 더 답답해집니다.

'왜 말을 안 듣지? 왜 고집을 피우지? 도대체 뭐가 문제야!'

참다못한 엄마는 소리를 지릅니다. 자신도 깜짝 놀랄 만큼 날 선 소리로. 그리고 엄마는 꼭 후회합니다.

아이의 언어발달은 여전히 진행 중입니다. 그에 따라 사고력도 같이 향상되죠. 의사표시를 하지만 턱없이 부족합니다. 그러니 ‘왜’냐고 다그쳐봤자 납득할 만한 답을 주지 못합니다. 아이도 매우 답답할 겁니다. 미안하게도 아이를 이해해줄 누군가는 언제나 당신, 엄마입니다. 엄마도 어찌해야 좋을지 모를 때가 있는데 말입니다.

이해는 ‘왜?’로 시작하지 않습니다. ‘왜?’ 뒤에는 ‘이해할 수 없어’가 더 잘 어울리죠. 화를 내고 난 다음에 ‘아, 이래서 그랬구나……’라고 알게 되는 경우가 얼마나 많았나요? 마음을 다스리고 말해보세요.

“엄마가 몰라서 미안해. 어떻게 해줄까?”

이렇게 말하면 아이의 마음이 누그러지는 걸 느낄 수 있습니다. 엄마가 몰라서 그런다는 걸 아이가 ‘알게’ 됩니다. 엄마와 아이 사이에 ‘이해’가 생기면 화를 낼 일이 없습니다. 후회로 눈물 흘릴 일도 줄어듭니다.

훈육의
방법

친구와 패스트푸드점에 갔습니다. 네 살배기 친구의 아들이 징징

거리며 엄마에게 떼를 쓰기 시작했습니다. 엄마는 굉장히 곤란해하

며 말했습니다.

"밖으로 나가자."

친구의 아들은 싫다며 울기 시작했습니다. 엄마는 우는 아이를

번쩍 안아서 밖으로 나갔고 아이는 더 큰 소리로 울며 발버둥을 쳤

습니다. 대체 뭐가 문제였을까요?

엄마는 아들이 '사람들 보는 데서' 떼를 쓰는 것을 견딜 수 없었습니다. 왜 떼를 쓰는지는 중요하지 않았습니다. 배고픈 아이를 들쳐 업고 나가니, 놀란 아이는 '난동' 수준으로 운 거죠. 결국 훈육은 이루어지지 않았습니다.

집에서 말을 잘 듣는 아이도 밖에서는 말이 통하지 않을 때가 있습니다. 아이들이 부모의 틈을 알기 때문입니다. 밖에서는 다른 사람의 이목 때문에 혼내지 않는 부모들이 있습니다. 그러나 중요한 것은 남이 아니라 내 아이가 아닐까요?

"여기는 집이 아니라 밖이에요. 밖에서 시끄럽게 하면 남들이 싫어해요. 엄마는 우리 아이가 사랑받았으면 좋겠어요. 그러니 남들이 싫어하는 일은 하지 마세요."

엄마의 솔직한 마음과 함께 규칙을 알려주세요. 인내심을 가지고 꾸준히. 언젠가 아이와 함께 웃으면서 외식할 때가 올 거예요.

침묵의
효과

*It is better to keep your mouth closed and let people think
you are a fool than to open it and remove all doubt.*

마크 트웨인 Mark Twain • 미국의 소설가. 대표작 《허클베리 핀》, 《톰 소여의 모험》

엄마들은 말을 많이 합니다. 아이를 가르치려고, 좋은 것을 보라
고, 이로운 것을 하라고. 하지만 조언이나 훈육의 말이 되어야 할
것들이 종종 잔소리가 될 때가 있습니다. 아이가 말을 듣지 않을 때
면 속이 부글부글 끓어오릅니다. 그럴 때마다 생각하죠.

'아, 말하기 싫어.'

아무리 말해도 아이가 듣지 않을 때, 자신도 말하기 싫을 때는

그냥 가만히 있어 보세요. 엄마가 갑자기 말을 멈추면 아이가 묻습
니다.

"엄마, 왜 그래요?"

아이의 반응이 즉각적이지 않아도 상관없습니다. 엄마의 마음을
식히는 시간이 될 테니까요. 아이에게 요구하지 않고 아이를 조용
히 바라볼 수 있습니다. 아이가 원하는 것이 엄마가 원하는 것이 아
니었을지도 모릅니다. 조용하게 함께 머무는 시간으로도 충분할 수
있습니다.

가끔은 서로의 시간을 침묵으로 채워보세요. 다 컸다지만 여전히
아기인 아이를 안고 말없이 앉아 있는 것도 좋을 거예요. 아이가 왜
그러냐고 물으면 말해주세요.

"그냥. 엄마 좀 안아줘."

말없이 파고드는 아이가 다시 사랑스러워질 거예요.

내 아이의
특별함

많은 부모가 같은 말을 합니다.

"애가 자고 있을 땐 깨우고 싶고, 깨어 있을 땐 재우고 싶다."

아이의 자는 모습은 황홀할 정도로 아름답죠. 하지만 그 아름다움 이면에는 '이제 나도 좀 쉴 수 있겠구나'라는 한숨도 섞여 있습니다. 엄마에서 나로 돌아가는 시간이기도 하니까요. 육아를 잠시 멈춘다고 다른 일도 쉴 수 있는 것은 아니지만 잠깐 멈추세요. 그리고 아이와 함께 가졌던 오늘 하루를 되돌아보세요. 자는 아이의 평화로움만큼 평화로운 시간이었나요? 아이가 깨어 있는 동안 아이의 아름다움을 얼마나 보고 즐겼나요?

내 아이의 아름다움은 나만이 볼 수 있습니다. 다른 이들은 내 아이의 특별함을 보지 못해요. 아이에게 들인 시간과 정성이 모여 아름다움을 만들었으니까요.

다른 이들에게는 '극성맞은 녀석'일지 모르지만 나에게는 '활발한 아이'잖아요. 다른 이들에게는 '귀찮은 녀석'일지 모르나 나에게는 '호기심 많은 아이'잖아요.

내 아이의 아름다움을 보세요. 매일매일. 보면 볼수록 더욱 아름다워지는 게 내 아이입니다.

따분한
시간 보내기

Insanity ; doing the same thing over and over again and expecting different results.

알베르트 아인슈타인 Albert Einstein • 양자역학 발견으로 현대 물리학의 큰 획을 그은 천재 물리학자

아이와 함께 어딜 가는 일은 종종 지옥이 될 수 있습니다. 버스나 기차, 심지어 비행기 여행은 아이들을 '몸부림' 치게 합니다. 그때, 엄마가 말합니다.

"조금만 더 가면 돼. 얌전히 있어."

그렇게 말할 수밖에 없습니다. 하지만 이 녀석들은 그럴 수 없습니다. 가만히 있지 못한다는 걸 알면서도 그렇게 말하는 엄마 마음

은 또 어떨까요.

기차 안에서 점토 놀이를 했습니다. 점토로 빵도 만들어 먹고, 팔찌도 만들어 채워주고, 의자 기둥에 붙이기를 했어요. 비행기 안에서는 야광봉 놀이, 비행기 좌석 꾸미기, 화장실에서 물놀이를 했어요. 견뎌야 하는 시간이 쉽게 끝나지 않았지만 아이들에게 집중하는 동안만큼은 아이들의 몸부림이 줄어들었습니다.

버텨야 하는 시간에 아이들과 함께 놀면 시간이 생각보다 빨리 흘러갑니다. 장난감이 없어도 돼요. 스무고개를 해도 좋고, 색깔 찾기 놀이를 해도 좋죠. 그렇게 같이 버티면 언젠가 도착합니다. 도착하지 못하는 곳은 없으니까요.

반면교사 피하기

칼릴 지브란 Khalil Gibran · 레바논의 시인이자 작가. 대표작 《예언자》, 《모래와 거품》 외 다수

친구가 둘째 아이를 얻었습니다. 맞벌이에 바빠 둘째를 지방의 시댁에 맡겼답니다. 아이가 세 살이 조금 넘었을 때 아예 데리고 왔습니다. 아이는 잘 컸지만 존대하는 법을 배우진 못했습니다. 친구는 아이에게 존대하기 시작했습니다. 네 살이 된 아이는 어른들에게 존대를 합니다. 시댁에서만 빼고.

이웃집 아이들과 간식을 먹었습니다. 이웃집 첫째 아이가 동생에게 접시도 아닌 식탁에 음식을 툭툭 던져서 주는 모양새가 보기 좋지 않았습니다. 그러나 뭐라고 말할 수 없었습니다. 아이들의 엄마가 내게도 그렇게 주었기 때문입니다.

이웃들과 작은 모임을 했습니다. 아이들도 많이 모였습니다. 한 아이가 무슨 일인지 우리 집 큰아이에게 소리쳤습니다.

"죽을래? 맞고 싶어?"

그 아이의 엄마가 아이를 훈육할 때 썼던 말이었습니다.

스펀지 같은 아이들입니다. 어디서도 배움을 늦추지 않습니다. 좋든 나쁘든 가까운 어른들의 언행을 빨아들입니다. 그러니 긴장을 늦출 수가 없습니다.

아이들이 밖에 나갔습니다. 집이 어지럽습니다. 정리하라고 일껏 말했지만 아이 나름의 정리는 내 기준에 미치지 못합니다. 벗어 놓은 옷가지를 집어 듭니다. 탁자 밑에 들어간 색연필을 꺼냅니다. 가끔 가족들이 빠져나간 집을 보면 아이가 던지고 간 옷처럼 버려진 곳 같습니다. 한숨이 나옵니다.

아이의 옷을 개킵니다. 그러면서 생각합니다.

‘많이 컸네.’

집을 둘러봅니다. 아이들의 흔적은 어디에고 있습니다. 조금 전까지 아이들이 깔깔거리며 뛰어다녔던 곳입니다. 아이들의 웃음소리가 귓가를 울립니다. 작은 발자국 소리, 넘어져서 우는 소리까지도. 혼자 피식 웃습니다. 녀석들이 언제 돌아올지 시계를 보며 가늠합니다. 아이들이 좋아하는 머핀이라도 구워야겠습니다. 그러면 큰아이는 이렇게 말하겠죠.

“엄마, 배가 행복해졌어요.”

결국 나는 또 집안일을 합니다. 다시 피식, 한숨 같은 웃음이 나옵니다.

존중
하기

존중하라. 그는 더 많은 일을 해낼 것이다.

Respect a man, he will do more

제임스 오웰 James Howell · 17세기 역사학자, 작가

엘리베이터 버튼이 뭐라고 아이들은 이 버튼을 보면 눌러야 합니다. 누르려는 아이를 제지하면 난리가 나죠. 그럴 때 이렇게 말합니다.

"우리는 올라가니까 올라가는 버튼을 눌러주세요. 그래야 다른 사람들이 기다리지 않아요."

아이가 "왜?" 하고 묻는다면 설명해주세요. 아이들은 모르니까

요. 끊임없이 '왜'라고 물어도 대답해주세요. 그러면서 논리를 배우니까요. '왜'라고 묻지 않는 아이가 오히려 이상합니다.

아이가 하고 싶은 일이 위험하지만 않다면 아이의 뜻에 따라주세요. 가이드라인을 주는 것을 잊으면 안 되겠죠. 물론 그렇게 하자면 엄마 속이 부글부글 끓어오릅니다. 바쁠 때 아이가 하겠다는 일이 어처구니없다면 더욱 그렇죠. 그래도 아이를 존중해주세요.

이제 큰아이는 제 동생이 엘리베이터 버튼을 누르도록 도와줍니다. 잘했다며 칭찬도 합니다. 존중받은 느낌을 동생에게 가르칩니다.

존중받아야 존중하는 법도 아는 모양입니다. 주고받으며 하루하루 자라는 모양입니다.

좋은 귀
효과

The first duty of love is to listen.

폴 틸리히 Paul Tillich · 독일의 신학자

아이가 태어나 첫마디를 했던 때가 사실, 기억이 나지 않습니다. 탐정처럼 아이의 어설픈 말을 알아들으려 애썼던 감정만큼은 떠오릅니다. 그때를 생각하면 지금처럼 쉴 새 없이 조잘거리는 아이의 말이 기뻐야 하는데 그러기 쉽지 않죠.

좀 조용히 해줬으면 하는 때도 있습니다. 왜 그렇게 쉬지 않고 말을 하는지, 자기 말을 엄마가 제대로 듣고 있는지 어찌나 자주 확인하는지……귀찮을 때도 있습니다.

하지만 간혹 놀랄만한 표현을 하는 아이를 보면 곧 뉘우칩니다. 누가 버렸는지, 계단에 붙은 일회용 반창고를 보고 아이가 얘기합니다.

"엄마, 계단이 다쳤나 봐."

좀 더 크면 이제 이런 말은 안 하겠죠.

내 말을 잘 들어주는 사람에게는 자꾸 말을 하고 싶습니다. 들어주는 그 사람은 내 마음을 잘 알아줄 것 같아요. 얘기를 주거니 받거니 하다 보면 마음의 짐이 은근슬쩍 가벼워집니다.

내 아이에게는 내가 그런 사람입니다. 자기가 잘 크고 있는지, 사랑받고 있는지 아이는 끊임없이 확인합니다. 존재 확인을 엄마에게서 하는 겁니다. 아이의 말을 듣다 보면 알게 됩니다.

'아, 이 녀석이 많이 컸구나.'

들어주세요. 아이가 더 크면 듣고 싶어도 말하지 않을지도 몰라요.

아이와
관계 맺기

You must trust and believe in people or life becomes impossible.

안톤 파블로비치 체호프 Anton Pavlovich Chekhov • 19세기 러시아 극작가, 단편소설가

"위험해!", "더러워!", "하지 마!"

아이를 말릴 때마다 엄마는 마음이 무겁습니다. 그래도 엄마는 아이를 지켜야 한다는 의무감이 더 큽니다. 그렇지 않은 엄마는 아마 이 세상에 없을 겁니다.

아이들은 엄마를 통해 세상을 배웁니다. 믿어주고 격려하는 동안 아이는 세상을, 자신을 긍정하는 방법을 배웁니다. 스펀지 같은 아

이의 능력을 믿으세요.

하면 안 되는 이유를 알려주세요. 다칠까 봐 걱정하고 두려운 엄마의 마음을 알려주세요. 그리고 선택권을 주세요. 원인과 결과를 알려주면 아이는 자기만의 해답을 만듭니다. 그 해답이 엄마 마음에 들지 않아도 보듬어주세요.

"엄마, 이것 봐! 내가 했어!"

사소한 것도 엄마에게 보여주고 싶은 아이. 엄마가 "잘했어"라고 인정해주길 바라는 아이. 아이는 엄마가 자신을 믿어주기를 바라는 건 아닐까요? 그래서 더 큰 세상으로 나가도 괜찮을 거라고 엄마를 안심시키려는 건 아닐까요?

그러니 괜찮다고, 아이를 믿자고 나 스스로에게도 말해주세요. 엄마가 아이를 믿을 때 아이도 스스로를 믿게 됩니다. 믿음으로 응원해주는 사이, 괜찮은 관계입니다.

약속
지키기

A promise is a cloud ; fulfillment is rain.

아라비안 속담 Arabian Proverb

봉숭아꽃이 한창인 무렵이었습니다. 시골에 사는 사촌 오빠네 집에서 하루를 묵었습니다. 여섯 살인 오빠의 막내딸이 처음 만난 나를 잘 따랐습니다.

"우리 봉숭아꽃물 들일까?"

내가 제안하자 아이는 좋다며 당장 하자고 했습니다. 하지만 그때는 다른 할 일이 있었습니다.

"조금 있다가 하자."

일이 끝나자 아이는 봉숭아꽃물을 들이자고 했습니다. 조금 피곤했던 나는 저녁 먹고 하자며 미뤘습니다. 저녁 식사 후에 아이는 또 졸랐습니다. 귀찮기는 했지만 제안한 사람은 나여서 무거운 몸을 일으켰습니다. 다음날 손톱을 보며 우리는 무척 즐거웠습니다.

아이는 이제 열두 살입니다. 다시 만나면 봉숭아꽃물 이야기를 해주고 싶습니다. 너와 내가 그랬다고, 나는 기억한다고, 그때 넌 무척 사랑스러웠다고. 아이와 한 약속이라고 그냥 넘겼다면 만들 수 없는 추억입니다.

유대인의 율법《탈무드》에서는 아이와의 약속을 지키지 않는 것은 아이에게 거짓말을 가르치는 것과 같다고 말합니다. 아이들에게 나는 '약속을 잘 지키는 사람'이라는 말을 꼭 듣고 싶습니다.

좋은 말과
작은 귀

밥 말리를 좋아합니다. '레게의 전설'이라 불리는 자메이카의 싱어송라이터 밥 말리의 노래는 멜로디도 좋지만 가사도 좋아서 종종 듣습니다. 레게의 흥겨움에 쿵작쿵작 아이들과 춤도 춥니다.

그런데 어느 날 큰애가 밥 말리의 노래 가운데 남녀 간의 성을 노골적으로 표현한 가사를 따라 하는 것이 아닙니까. 혼자 그림을 그리면서 뜻도 모르는 노래를 흥얼흥얼. 이걸 어쩌나 싶었습니다. 하는 수 없이 밥 말리를 끊었습니다.

남편과 아이들에 대해 이야기라도 하고 있을 때면 큰애가 꼭 물어봅니다.

"엄마, 내가 왜?"

아이의 작은 귀가 내 옆을 떠나는 법이 없습니다. 내가 하는 말을 복사기처럼 따라 합니다. 그래서 조심하게 됩니다. 엄마가 되면서 말을 조심하게 되었습니다. 남편에게도, 친정엄마에게도, 가끔 친구에게도 아이들에게 말하듯 주의합니다. 실수로라도 나쁜 말을 쓸까 저어하면서.

아이가 하는 말이 만족스럽지 않다면 엄마, 아빠를 돌아보세요. 작은 귀는 어른의 입가에 머물고 있습니다.

love
you

2

아이에 대한
조바심이
앞선다면

실수
관용

볼테르 Voltaire · 19세기 프랑스의 철학자이자 저술가

오늘 아침에도 다섯 살 난 큰딸이 주스를 쏟았습니다. 주스를 따르면서 '좀 많은데 괜찮을까?'라고 한 생각이 기우는 아니었습니다. 한 번 쏟았으면 그러려니 했을 텐데 치우는 도중에, 또 주스를 쏟았습니다. 남편이 결국 혼을 냈습니다.

"여보, 내가 애한테 주스를 많이 줘서 그래요. 이든아, 미안해. 엄마가 너무 많이 줬지?"

말없이 울상이던 아이가 빠르게 말을 토합니다.

"응, 엄마가 너무 많이 줬어요. 또 엎지를까 봐 컵을 옮겼는데 흘렸어."

남편과 나는 동시에 '아, 그랬구나'라는 표정이 됩니다.

나는 어릴 때부터 잘 흘리고 잘 깨트렸습니다. 지금도 종종 실수를 하는데 어린아이들은 오죽할까요. 물론 치우는 사람이 엄마니까 이런 일이 반복되면 지칩니다. 아이를 이해하려고 애를 쓰지만 가끔은, 특히 시간에 쫓길 때 아이가 일을 저지르면 가슴에서 날카로운 얼음이 빠작, 솟구칩니다. 하지만 실수를 지적하고 혼내면 아이들은 위축되고 위축되면 더 실수하게 되죠.

그러니 마음을 다스리고 걱정하고 있는 아이의 마음을 먼저 살펴주세요. 아이도 자신의 실수로 엄마가 속상하다는 것을 알고 있으니까요.

늦됨=숙성

친구의 아이가 다섯 살이 될 때까지 엄마 외에는 다른 사람과 말을 하지 않았습니다. 기저귀도 여섯 살에 가까스로 뗐죠. 친구의 걱정은 이만저만이 아니었습니다. 아동발달심리센터에도 데리고 가고 카운슬링도 받았습니다. 모두 만족스러운 대답을 주지 않았습니다. 아이에게 특별한 발달장애가 보이지 않으니 기다리라는 답만 돌아왔죠.

아이는 지금 아홉 살입니다. 학급에서 반장을 하고 있습니다. 특히 수학과 과학에 흥미를 많이 보여 이번에는 수학경시대회에도 나갔답니다. 친구는 이제 아이의 늦됨이 이상한 것이 아님을 압니다.

아인슈타인은 일곱 살 때까지 말을 하지 않았습니다. 가족 모두 아인슈타인을 발달장애아로 생각했죠. 아인슈타인은 일곱 살 때 처음으로 이렇게 말했습니다.

"수프가 너무 뜨거워요."

자신이 원하는 것은 모두 얻을 수 있었고 여태 필요하지 않으니 말을 하지 않았을 뿐입니다.

혹시나 아이가 늦되다고 걱정하고 있지 않나요? 조금 더 기다려주세요. 아이의 속도가 엄마의 속도를 따라오지 못한다고 아이가 자라지 않는 건 아닙니다.

지치지 않기

에이브러햄 링컨 Abraham Lincoln • 미국의 노예해방을 이끈 16대 대통령

아이가 딸이라 그런지 어릴 때부터 옷을 가지고 신경전을 자주 벌였습니다. 네 살 때는 보라색 옷만 입는다고 '난동'을 부려서 옷장에는 보라색 옷뿐이었습니다. 조금이라도 보라색이 없으면 입지 않았어요. 그랬던 녀석이, 다섯 살이 되면서 보라색이 싫어졌답니다. 파란색이나 원피스가 아니면 입지 않겠대요. 바지는 쳐다보지도 않습니다. 아직 입을 수 있는 저 많은 옷은 어쩌라고.

"그럴 때야. 좀 더 크면 신경도 안 써."

아홉 살 딸을 둔 친구가 말합니다.

'크느라 그렇겠지' 하며 혼자 다독입니다.

"엄마, 이거 엄마가 좋아하는 빨간색이지?"

어느날 아이가 입기 싫다던 빨간색 바지를 손에 들고 있습니다.

"응, 엄마는 빨간색을 정말 좋아해."

"그럼 입을게."

"이든아, 고마워. 엄마가 좋아하는 색을 너도 좋아해주고."

아이가 빨간 바지를 입고 엉덩이춤을 춰줍니다. 나도 너무 고마워서 같이 춤을 췄습니다.

자람은 조금씩 달라진다는 것임을 엄마도 배웠습니다. 지치지 않고 맞춰줄 수 있어서 다행입니다.

유머의 힘

앤드루 카네기 Andrew Carnegie · 19세기 강철 산업을 이끈 기업가

아이가 하나였을 때는 아이와 놀기도 쉽고 살림도 쉬웠습니다. 그 사실을, 아이 둘을 갖기 전에 깨달았다면 얼마나 좋았을까요. 아이 둘이 제각기 서로의 욕구를 채우기 위해 엄마에게 달려듭니다.

나는 첫째에게 책을 읽어주면서 둘째에게 젖을 먹이는 엄마가 되었습니다. 둘째의 밥을 먹이다가 첫째를 채근하며 언제 내 손에 온 지도 모르는 과자를 먹는 엄마가 되었습니다. 셋째는, 꿈만 꿉니다.

아이들이 서로 엄마 쟁탈전을 할 때면 정신이 혼미해집니다. 그럴 때는 '웃기기' 전략을 씁니다. 갑자기 내가 아기가 되었다며 울기 시작합니다. 아이들은 '이게 뭐지?'라는 표정이 됐다가 깔깔거립니다. 그러면 나는 사자가 되었다가 악어로 변했다가 원숭이도 됩니다. 정신없이 몰아쳐서 놀고 나면 아이들은 각자의 놀이에 집중합니다.

논리가 통하지 않는 아이들에게는 설명해봤자 소용이 없을 때가 많습니다. '무(無) 논리, 유(有) 개그'는 종종 좋은 결과를 낳습니다.

어떤 어려운 자리에도 유머는 최상의 전투력이죠. 달려드는 아이들에게 지칠 때 바보스럽게 변해보세요. 폭풍전야가 웃음의 장으로 변합니다.

좋은 영향 주기

이수의 엄마는 싱글맘입니다. 그녀는 아이가 결핍을 느끼지 않도록, 아빠 없이도 행복하도록 최선을 다해 살고 있습니다. 하지만 주위의 시선에 어떻게 해야 아이가 상처받지 않을지 고민을 멈추지 못합니다.

"이모, 왜 이수는 아빠가 없어요?"

이웃들과 같이 시간을 보낼 때 이수 앞에서 한 아이가 내게 물었습니다. 당황스럽기도, 이수가 걱정되기도 했습니다.

"이수랑 하영이랑 같은 사람이에요?"

아이들이 고개를 저었습니다.

"그래서 그래요. 우리는 서로 달라요. 아빠가 있을 수도 있고 없을 수도 있고, 한 명일 수도 있고 두 명일 수도 있고."

두 아이는 그런가 보다, 라는 얼굴로 다시 놀기 시작했습니다.

이 일을 나중에 이수의 엄마에게 말해주었습니다. 아빠의 부재를 결핍으로 느낄까 봐 걱정했던 이수 엄마의 표정이 조금 편안해졌습니다.

어른들의 말 한마디가 아이들에게는 무시 못 할 무게로 다가옵니다. 엄마의 편견이 내 아이, 그리고 남의 아이에게로 퍼질 걸 생각하면 다시금 조심하게 됩니다.

때리는
부모들에게

어릴 때 우리 집에는 '사랑의 매'라고 쓰인 막대기가 있었습니다. 아직도 아빠가 그 막대기를 칼로 다듬을 때, '사랑의 매'라고 쓸 때의 공포를 잊을 수 없습니다. 나는, 많이 맞고 자랐습니다. 그래서 아이들을 때릴 수가 없습니다. 내 공포를 물려줄 수가 없어서요.

주변에서 아이들에게 매를 드는 부모를 심심찮게 봅니다. 그들에게 물었습니다. 정말 공정하게, 화내지 않고 훈육으로 매를 드는지.

그렇다는 부모를 본 적이 없습니다. 대체로 화를 참을 수 없어 때린다고 했습니다. 때리고 나서 밀려드는 후회로 울기도 했답니다.

"맴매한다! 몽둥이 가져와!"라는 말을 듣고 아이들은 펄쩍펄쩍 뛰며 다시는 안 한다고 웁니다. 아프니까요. 아이는 때려도 근본적인 원인은 해결되지 않을 겁니다. 아이가 순식간에 어른이 될 수는 없으니까요.

"엄마, 쟤가 그네에서 밀었어요!"

아이들은 또래에게 맞으면 부모에게 와서 도움을 청합니다. 부모가 때리면 아이들은 어디에서 도움을 청할까요?

아이를 때리려는 마음이 일 때, 차라리 자리를 뜨세요. 화를 다스리세요. 아이가 '맞을 짓'이란 없습니다.

"고마워"라고
말하기

미국의 한 중독재활센터에 근무하는 로라 트라이스 박사는 부모로부터 고맙다는 말을 듣지 못하고 자란 이들은 자존감이 낮은 경우가 많다고 합니다. 자신의 센터에 있는 중독자들이 보이는 공통점이기도 하죠. 그녀는 주변 사람에게 고맙다는 말을 자주 하라고 제안합니다. 한 가정에서 시작된 고맙다는 말이 다른 가정으로 퍼지면서 세계 평화가 이루어지지 않겠느냐며.

나는 아이들에게 고맙다는 말을 자주 하는 편입니다.

“밥 많이 먹어서 고마워.”

“휴지에다 손 닦아줘서 고마워.”

“화장실 불 꺼줘서 고마워.”

“장난감 치워줘서 고마워.”

대신 절대 하지 않는 말이 있습니다.

“아이고, 착해.”

심부름을 하면 착하고 그렇지 않으면 착하지 않은 걸까요? 밥을 다 먹으면 착하고 그렇지 않으면 착하지 않은 걸까요? 아이가 한 행동으로 아이의 정체성을 규정하는 ‘착하다’는 말에 아이를 가둘 수 없습니다. 착하지 않으면 사랑받지 못한다는 불안감을 내 아이들에게 주고 싶지 않습니다. 대신에 “네가 한 일은 고마운 일이야”라고 알려주고 싶습니다.

《감사의 힘》이라는 책에서는 이 세상의 거의 모든 아이들이 엄마, 아빠 다음으로 ‘고맙다’라는 말을 배운다고 합니다. 고마움을 잘 느끼는 사람이 좌절, 불행에서도 금방 빠져나온다는 이 책의 메시지는 육아에도, 내 삶에도 훌륭한 조언이 됩니다.

육아가 버거운 당신,
기운 내요

아이가 없었을 때, '우리 아이가 달라졌어요' 같은 육아 프로그램을 즐겨 봤습니다. 한동안 보다 보니 문제 있는 아이에게는 문제 있는 부모가 있다는 걸 깨달았죠. 고집이 센 아이에게는 강압적인 부모에게 매사 자신을 부정당한 기억이 있었고, 엄마는 싫어하고 아빠만 좋아하는 아이에게는 엄마를 무시하는 아빠가 있었습니다. 나는 만약이라도 태어날 내 아이를 저 부모들처럼 키우지 않겠다고 매번 다짐했습니다.

그러나 아이가 태어난 후 늘 혼란스럽습니다. 시간이 지날수록 출구 없는 미로에 빠져든 것 같은 느낌은 어쩔 수 없습니다. 나만 이런 건 아니더군요. 아이를 가진 부모들은 모두 '어떻게 해야 할지 모르겠다'고 하소연하더라고요.

한 친구가 무겁게 말했습니다. 지켜야할 생명이 있는 우리에게 '균형 맞추기'보다는 '우선순위 정하기'가 먼저라고. 그러다 보면 생기는 질서가 균형이 되겠죠.

사랑의 눈으로 아이를 관찰하고 그에 맞추는 수밖에는 왕도가 없는 것 같습니다. 기운을 잃을 순 없죠. 아이에게 부모된 자는 세상에서 가장 강력한 지지자로 남아야 하니까요.

놀 때는
놀자

친구들 가족과 바닷가에 갔습니다. 바닷가 모래사장에 그늘막을 치고 아이들과 신 나게 놀았습니다. 그러면서 오래된 버릇, 타인 관찰하기가 시작됐습니다. 참 신기하게도 많은 부모들이 좋은 시간을 힘든 시간으로 만들고 있었습니다.

아이 셋을 데리고 온 부모가 텐트 안에서 연신 소리를 질렀습니다.

"아씨, 왜 모래를 또 묻히고 그래! 아빠가 다 닦은 데잖아!"

"너는 왜 동생을 때리고 그래! 저리 안 가!"

사방이 모래밭이니 조금만 움직여도 모래가 떨어지는 것은 당연한데, 아이들을 잡는 이유는 뭐고, 동생을 때렸으면 훈육을 해야지 윽박을 지르다니요.

그 부모가 아이와 바다로 돌진해 파도를 탔을 때였습니다.

"야, 멀리 가지 마! 다 젖잖아!"

허리까지 젖은 채로 핸드백을 손에 든 엄마는 아이가 바다에 들어가지 못하도록 말렸습니다.

"아빠 다 젖는다! 하지 마!"

물속에서 튜브에 기댄 채로 휴대폰을 든 아빠가 아이를 저지합니다. 대체 왜 핸드백, 휴대폰을 들고 물에 들어온 걸까요?

언젠가 캠핑을 힘들어하던 엄마 때문에 자신도 캠핑이 싫다던 친구의 말이 떠올랐습니다. 기억의 지배력은 오래갑니다. 놀 때는 놀아주세요. 가급적, 신 나게.

아이에 대한
조바심이 앞선다면

새로운
세상 앞에서

큰아이가 어린이집을 마치는 날, 우리 식구는 작은 파티를 했습니다. 그동안 비가 오나 눈이 오나 아이를 데려다 준 우리 부부를 위해서도, 엄마, 아빠와 떨어져 6시간 이상 혼자 지냈던 아이의 노고를 위해서도 꼭 짚고 넘어가야 했습니다. 아이들이 좋아하는 파스타를 먹으며 작은 케이크를 샀습니다.

"모두 수고했어요!"

큰아이는 이제 유치원에 갈 준비를 합니다. 익숙했던 어린이집을 떠나서 새로운 세상으로 들어갑니다. 얼마나 떨릴까요?

"엄마, 우리 데이트하자. 유치원 가면 이제 나 바쁘잖아."

아이가 짐짓 어른스러운 표정으로 내게 말합니다. 나는 흔쾌히 아이와의 데이트를 위해 일을 접습니다.

사람들은 모두 새로운 세상을 두려워합니다. 그곳에서 어떤 일을 맞을지 모르니 걱정할 수밖에요. 어른들도 새 직장이나 새로운 모임에 나갈 때 긴장이 되는데 아이들은 오죽하겠습니까. 맺음과 시작에 격려를 담아 간단하지만 확실한 방점을 찍어주세요. 아이는 두려움을 호기심으로 바꾸고 스스로 세계를 향해 나갈 겁니다.

북돋우기

In everyone's life, at some time, our inner fire goes out. It is then burst into flame by an encounter with another human being. We should all be thankful for those people who rekindle the inner spirit.

앨버트 슈바이처 Albert Schweitzer • 1952년 노벨 평화상을 받은 철학자이자 의사

네 살 때 첫째 이든이는 어른 숟가락으로 밥을 먹었습니다. 큰 숟가락, 큰 빵, 큰 고기가 아니면 먹지 않았습니다. 어른보다 작은 자신을 그런 식으로 크게, 어른에게 근접하도록 만들고 싶었던 모양입니다.

다섯이 된 이든이는 어른이 하는 걸 자신도 할 수 있다고 생각합니다. 그러다가 해내지 못하면 굉장히 좌절하고 힘들어 하죠.

“이든아, 엄마처럼 하고 싶어?”

아이는 눈물이 그렁그렁해서 나를 봅니다. 마지못해 “네”라고 답하는 아이의 모습에 같이 속상해집니다.

“그래, 속상할거야. 엄마도 그랬거든. 하지만 이든이가 크면 엄마보다 더 잘하게 될 거야. 그래서 엄마, 아빠를 돌봐줄 거야.”

아이가 눈물을 거두고 고개를 듭니다. 정말이냐고 묻는 아이 옆에서 남편이 한마디 거듭니다.

“그럼, 우리가 늙으면 기저귀도 해야 하거든.”

이든이는 깔깔대며 웃었습니다. 그 후 오랫동안 이든이는 엄마, 아빠의 기저귀는 자기가 해줄 거라고 말했습니다. 자신이 자람에 대해 기대하기 시작했습니다.

초심으로 돌아가기;
아이를 가졌을 때

어니스트 헤밍웨이 Ernest Hemingway · 미국의 작가이자 저널리스트. 대표작 〈노인과 바다〉 외 다수

나는 아이를 낳지 않으려고 했습니다. 그러다 어느 순간, 이유도 없이, 아이가 미치게 가지고 싶었습니다. 남의 아이만 봐도 좋았습니다. 하지만 두려웠습니다. 어두운 구석이 많은 내가 아이의 인생을 망치면 어쩌나, 행복하게 해주지 못하면 어쩌나.

반면에 근거 없는 자신감도 있었습니다. 세상 어떤 누구보다 사랑할 자신 말입니다. "너를 사랑하니까 너도 나를 사랑해야 해"라는 조건 없이, 아이가 누구든 감사히 사랑하고 싶었습니다. 그래서 태어난 아이, 큰딸 이든이를 사랑하고 있습니다.

"원하지 않으면 조치를 할 수 있습니다."

둘째 딸 이준이는 산전 검사에서 의사가 걱정할 정도로 다운증후군 확률이 높았습니다. 하지만 누가 됐든 사랑할 자신이라는 것이 건강한 아이에게만 해당하는 건 아닙니다. 아이는 태어났고 역시, 친구의 표현에 의하면, '돌아버릴 것 같이' 예쁩니다.

'예쁜 것은 까다롭다'는 어느 작가의 말이 육아에 어쩜 그렇게 잘 어울릴까요. 육아에 지칠 때는 초심을 떠올립니다. 초음파 사진을 꺼내 봅니다. 콩이, 용이라고 불렀던 태명을 다시 부르며 태명을 넣어 지은 노래도 아이들에게 들려줍니다.

무조건적인, 처음 가져보는 이 사랑이 마음에 가득합니다. 더불어 행복도 부풀어 오릅니다.

설득의
기술

안톤 파블로비치 체호프 Anton Pavlovich Chekhov • 19세기 러시아 극작가, 단편소설가

요령을 터득하기 전까지 아이 양치질하기가 너무 힘들었습니다. 고민 고민하다가 아이에게 엄마의 이를 보여주었습니다. 이에 씌워진 아홉 개나 되는 마감재가 아이 눈에도 이상했을 겁니다.

"엄마는 이가 약해서 이든이도 약할 수 있어요. 그러니까 이를 잘 닦아야 해요."

아이는 양치질이 익숙해지기 전까지 한동안 엄마 이를 보여주어야만 칫솔질을 허락했습니다.

치과 검진할 때가 왔습니다. 두려움과 호기심 사이에 있는 아이에게 치과 진료 사진들을 보여주었습니다. 치과 검진 날, 몇 시간 전부터 말했어요.

"우리는 치과 가서 '아~' 할 거예요. 그러면 의사선생님이 이빨 벌레 있나 없나 잘 봐주실 거예요. 잘할 수 있겠어요?"

두 아이 모두 울지 않고 진료를 받았습니다. 우리 부부는 아이들에게 환호했습니다.

"아주 용감했어요. 무서웠는데도 잘 참았어요. 굉장해요!"

검진 후, 충치 초기임을 알게 된 큰아이는 더 열심히 칫솔질을 합니다.

아무것도 아닌 것처럼 강요할 수도 있었습니다. '젖니는 어차피 빠지는데 뭐'라고 관리를 포기할 수도 있었겠죠. 하지만 설명해주고 이해시키면서 아이는 스스로 할 수 있게 되었습니다. 한 번 설득하면 다시는 할 필요가 없습니다. 특히 아이들은요.

키우며
자라기

Question everything. Learn something. Answer nothing.

에우리피데스 Euripides · 고대 그리스의 시인

남편의 학업 때문에 캐나다에서 몇 년간 살아야 했습니다. 말도 안 통하는 이국땅에서 첫아이를 가졌습니다. 간단한 커피 주문하기도 쉽지 않은 나날. 매일매일이 내게는 낯선 곳에서의 씨름이었습니다.

아이가 태어났습니다. 아이가 있으니까 혼자서는 두려웠던 곳에 용기를 내어 들어갔습니다. 아이가 커가면서 아이를 대신해 말할 일들이 생겼습니다. 말하다 보니 조금씩 영어가 늘어갑니다. 아이 때문에 친구도 생겼습니다. 또래 아이를 가진 다른 엄마들과 교류가 늘면서 외로움이 흐려졌습니다.

아이를 키웁니다. 훈육하면서 내 나쁜 버릇도 고칩니다. 버럭 화 내던 버릇도 많이 사그라졌습니다. 더 계획적으로 생활하게 됩니다. 아이 때문에 나는 좀 더 성장한 느낌입니다.

한 친구가 말했습니다. 아이를 키우는 시간이 인생 최대의 암흑기라고. 맞는 말입니다. 나를 비우고 아이를 받아들여야 하는 시간이거든요. 하나부터 열까지 새로 배워야 하거든요.

아이가 나를 엄마로 만들어주었습니다. 더 나은 인간으로 만들어주었습니다.

평가보다
사랑을

"개는 아주 정신이 없어. 감당하기가 어렵더라고."

친구 A의 아이에 대한 친구 B의 평가입니다. 그 아이를 만났습니다. 아이는 엄마에게 버릇없이 굴었고 엄마는 아이를 통제하지 못했습니다. 친구 B의 평가를 들었던 터라 내 행동도 그에 따라 움직였습니다.

"공공장소에서 시끄럽게 하면 안 돼요. 이모가 혼내줄 거예요."

이렇게 말하자 아이는 시무룩해졌습니다. 마음이 좋지 않았습니다. 처음 보는 아이를 협박하다니요.

"이모가 미안해요. 처음 만났는데 이모가 혼만 내고. 이모 용서해줄래요?"

아이가 내 눈을 보았습니다. 상처받은 강아지 같은 눈. 진심으로 미안했습니다.

조금 지나서 아이와 몸으로 놀아주었습니다. 아이는 정신없는 아이가 아니었습니다. 아이는 그저 아이였습니다. 나는 아이를 제대로 보게 되었고 좋아하게 되었습니다. 아이도 나를 조금은 좋아해줄까요?

아이가 버거워질 때, 생각해보세요. 아이를 평가하고 있는 건 아닌가요? 평가가 전제되면 편견이 생깁니다. 편견은 누구도 사랑할 수 없게 만듭니다. 남의 아이, 나의 아이에 대한 평가를 멈추고 아이만 바라봐주세요. 아이의 발달 과정에서 필요한 건 평가가 아니라 사랑이니까요.

조화로운 가족,
평화로운 가정

The happiest person in the world is the one
who can find peace in his own home.

요한 볼프강 폰 괴테 Johann Wolfgang Von Goethe • 독일 철학자, 작가. 대표작 《파우스트》 외 다수

평화는 아무 일도 일어나지 않을 때가 아닙니다. 평화는 조화로울 때 찾아옵니다. 한 번쯤 생각해보세요. 우리 가정은 평화로운가? 우리 가족은 조화로운가?

가족 구성원 중 어느 한쪽이 지쳐 있는 건 아닌지 살펴보세요. 엄마, 당신도 포함해서 말입니다.

육아와 살림, 혹은 일까지 도맡아 하는 엄마들이 있습니다. 육아

와 살림, 또는 일에 손을 놓고 있는 남편도 있죠. 아이들은요? 제대로 사랑받고 있나요? 아이가 '원하는' 관심을 제대로 받고 있나요?

"우리 애는 학습지를 잘 안 하려고 해서 걱정이야."

"학원 다니기를 싫어하니 원. 어떻게 따라가려고."

"옆집 애는 벌써 한글을 뗐는데 우리 애는 어쩌려고 저러지?"

엄마와 아이의 조화를 생각합니다. 서로 원하는 것을 나누고 있는지 가끔 점검해보세요. 아이가 원하는 것이 엄마가 원하는 것과 통하고 있는지 말입니다. 조화로운 곳에는 성난 외침이 들려오지 않습니다.

서로를 위한 변화

아이가 태어나자마자 엄마가 되었습니다. 머릿속에서 연습했던 것과는 전혀 다른 세계가 펼쳐졌습니다. 수유, 목욕, 재우기, 입히기……아이의 모든 것을 내가 돌봐야 했습니다. 두려움을 느낄 새가 없었습니다. 나는 내 아이에 의해 완벽히 다른 인간이 되었습니다.

아이가 자라고 있습니다. 점차 식성도 뚜렷해지고 그러면서 취향도 알게 되었습니다. 엄마만큼 아이를 잘 아는 사람은 없습니다. 들인 정성만큼 상대에 대해 잘 알게 되는 법이니까요.

이웃집에 들렀을 때입니다. 아이들이 집 안에 있는 유모차에 앉아서 툭탁거리기 시작했습니다. 내가 제지했죠. 물론 아이들은 듣지 않았습니다. 아이들의 엄마가 보더니 한소리 했습니다.

"자, 다했으면 내려오세요."

아이들이 후다닥 내려오더니 다른 놀이를 합니다. 신기했지만 당연한 일이기도 합니다.

어찌할 수 없는 작은 몸을 거두는 일은 엄마의 몫입니다. 하지만 아이도 엄마에게 익숙해지는 시간이 필요합니다. 서로 애쓴 시간이 모여 서로에 대해 잘 아는 관계가 되었습니다. 그러나 한쪽은 경험이 더 필요한 아이고, 다른 한쪽은 그 아이를 이해해야 하는 엄마입니다. 엄마가 더 이해하고 더 노력해야 아이도 따라옵니다.

어떤 때는 단호하게, 어떤 때는 부드럽게, 어떤 때는 재미있게 이해해주세요. 이해받은 마음은 이해를 낳습니다.

우는
아이

한 무더기의 엄마들과 아이들이 패밀리 레스토랑에 왔습니다. 갑자기 한 아이가 울기 시작했습니다. 엄마가 소리 지릅니다.

"뚝 해!"

다른 아이의 엄마가 우는 아이에게 묻습니다.

"왜 그래, 예지야?"

우는 예지 대신 엄마가 대답합니다.

"지성이가 예지 과자를 다 먹었나 봐. 그래서 속상해서 우는 거야."

다 알고 있는데도 아이의 마음을 받아주지 않는 엄마가 나는 무척 의아했습니다.

"엄마가 그랬지. 울면서 그러면 아무것도 안 해준다고!"

엄마가 화를 내자 아이는 마침내 안아달라며 다가옵니다. 엄마는 아이에게 그만 울라고 계속 다그칩니다.

예지 엄마는 다 알고 있으면서 왜 공감해주지 않는 걸까요? 아이는 엄마가 속상한 자신을 이해해주길 바랐을 텐데요. 달래주고 안아주기를 바랐을 텐데요.

아이가 울면 엄마는 견디기 어렵습니다. 나 역시 그랬습니다. 둘째 아이가 돌 전에 바락바락 소리를 지르며 우는데, 나도 못 견디고 발작처럼 소리를 지른 경험이 있어서 더 잘 압니다. 지금도 아이의 울음소리는 정신을 갈라놓습니다. 울음소리는 그러라고 있는 거라더군요.

어른들도 슬플 때 울어야 후련해집니다. 울지 못해서 상처가 된 일들도 있는 법이죠. 아이들은 자주 우는 만큼 금방 툭툭 털고 일어납니다. 그러니 아이기 올 땐 그 마음을 알아주세요. 공감해준다면 그치지 못할 눈물은 없습니다.

행복은
가까이에

가까운 이웃집에 들렀을 때입니다. 그 집 엄마는 여섯 살 아이에게 한글을 가르치는 중이라고 했습니다. 마음대로 되지 않았는지 "아이가 똑똑하지 않다, 옆집 애는 벌써 한글을 뗐다"는 등 하소연을 늘어놓았습니다. 아이의 표정은 이미 울 것 같았습니다.

몇 달 후 다시 그 집에 들렀습니다. 아이는 혼자 책을 읽고 있었습니다. 엄마는 자랑스러운 표정으로 말했습니다.

"시간이 지나니까 혼자 깨치데요. 괜히 애를 잡았어요."

전전긍긍하던 몇 달 전의 모습과 너무 달라 보였습니다. 집을 나설 때 그녀가 말했습니다.

"우리 애 좀 똑똑한 것 같지 않아요?"

엄마의 욕구를 내려놓고 아이에게 집중하세요. 때가 되면 이루어지는 일들은 시간에 맡기고 아이가 자라는 데 집중해보세요. 엄마의 욕구에 집중하다보면 아이의 반짝임을 놓치는 일이 많아요. 그런 반짝임이 행복을 여는 열쇠인데도 말입니다.

침착
하기

There is nothing more influential than anything ;
Keep calm and sharp in any circumstances.

토마스 제퍼슨 Thomas Jefferson • 미국 3대 대통령이자 미국 독립 선언서의 기초자

물놀이하러 가기 전, 아이는 분명히 수영장에 딸린 카페 안에서 책을 읽고 있었습니다. 나는 아이에게 밖에서 기다리겠다며 먼저 나갔습니다.

남편이 아이를 데리러 간 사이에 나는 물놀이장으로 이동했습니다. 그런데 눈에 익은 옷이 보였습니다. 저 아이, 혼자 돌아다니는 저 아이가 내 아이입니다.

“세상에……이든아! 너 왜 여기 있어?”

가슴이 떨려 아이를 오래 안고 있었습니다.

“잃어버릴 뻔했네. 다행이다, 우리 이든이 찾아서. 자, 이제 물놀이하러 갈까?”

아이를 잃어버릴 뻔했던 것입니다. 하지만 잃어버린 것은 아니니 아이에게 주의를 주는 정도에서 그쳐도 되겠다고 생각했습니다. 그리고 무엇보다 놀란 마음으로 아이를 나무라며 퍼부어서는 안 될 일이었습니다.

“엄마, 나 또 엄마 잃어버리는 줄 알았어.”

아이가 물놀이하다 말고 눈가가 촉촉이 젖어서 나에게 옵니다. 아이는 이 일로 사람이 많은 낯선 장소에서는 엄마가 눈에 보이는 곳에 있어야 함을 배웠습니다.

가슴 떨리는 일 앞에서 침착하기란 쉬운 일은 아닙니다. 하지만, 내가 침착하지 않으면 아이는 더욱 놀랍니다. 놀란 기억은 아이를 쉽게 불안하게 만듭니다. 그러니 엄마부터 진정하고 괜찮다고 말해 주세요.

옳은 길?
바른 방법?

프리드리히 니체 Friedrich Nietzsche • 독일의 철학자. 대표작《차라투스투라는 이렇게 말했다》외 다수

바쁜 아침이었습니다. 아이들을 씻기고 옷을 입힐 차례였죠. 혼자 입을 수 있는 큰아이에게는 옷만 주면 됩니다. 아이가 크니 편한 것도 있어요. 그런데 이 녀석, 속옷을 입지 않았습니다.

"어? 이든아, 팬티 안 입었는데?"

"괜찮아. 입기 싫어요."

머릿속에서 '그러면 안 돼! 넌 여자애잖아!'라는 말이 떠올랐지만

가슴을 눌렀습니다. 다시 한 번 권했지만 아이는 거부했습니다. 불편해하는 내게 남편이 말했습니다.

"그게 문제가 돼?"

아이가 괜찮다니 문제가 될 건 없습니다. 다만 내 머릿속에서 성역할의 잣대가 세워진 것이 문제였죠. 여자는 가리고 남자는 내놓은 것이 당연한, 차별적인 성교육이 내가 받은 교육이었습니다. 이 억압된 교육은 자유롭지 못한 나 같은 한국 여자들을, 퇴폐적인 성문화를 즐기는 한국 남자들을, 무개념의 요즘 어린 세대를 낳았다고 한 전문가가 말했습니다. 원하면 여자도 상의 탈의를 하고 거리를 활보할 수 있으며—여름에 브래지어만 한 여자들이 꽤 있으며—타인의 몸에 별 관심 없는 캐나다 사람들이 가끔 부럽습니다.

내가 자란 방법, 내가 옳다고 믿는 것이 단 하나의 길은 아닙니다. 아이의 의견이 문제제기로 다가올 때 생각해보세요. 엄마의 방식만이 옳은 방식인지 말입니다. 아마, 비틀려 있는 구석이 있을 겁니다.

즐길 거리 찾기

Playing is such a joyful thread that connects people together.

스티브 디거 Steve Deger · 미국의 독립출판 기획자이자 작가

"엄마, 놀아줘."

온종일 놀고 아이는 또 놀아달랍니다. 아이들 사전에는 '지친다' 는 말이 없나 봅니다.

나도 놀고 싶습니다. 그런데 일상은 할 일로 넘쳐서 놀고 싶은 마음을 눌러버립니다. 밥도 해야 하고, 빨래도 해야 하고, 집안 청소는 물론 정리정돈에 육아까지!

'아가, 엄마도 놀고 싶단다'.

이럴 땐 마치 갇혀버린 것 같아요. 누군가 날 좀 꺼내줬으면 좋겠지만, 그런 건 없습니다.

그래서 아이랑 즐길 거리를 찾았어요. 하루 하나씩 아이가 집중할 것을 찾아주었습니다. 어제 스티커 장난감을 주었더니 오늘 또 하고 싶다네요. 그런 아이의 귀에 대고 "내일은 머리띠 만들자!"라고 속삭였더니 세상을 다 가진 표정이 됩니다. 계절 프로젝트도 있어요. 봄에 아이랑 여러 가지 허브를 커다란 화분에 심었습니다. 가을이 끝날 때까지 하루에도 몇 번씩 허브를 만지고, 따 먹고, 물을 주며 놀았습니다.

가끔은 사진과 동영상을 봅니다. "지금도 그렇지만 어릴 때도 너는 정말 예뻤어"라고 말하면 아이는 자기애에 푸욱 빠져 심심한 줄 모릅니다. 차로 이동할 때 하는 편의점 찾기 놀이는 아이가 참 좋아합니다. 주말에 아이와 함께하는 커피숍 데이트도 빼놓을 수 없습니다. 아이가 심심하면 엄마도 힘들어지니 즐길 거리 찾기는 필수입니다.

"엄마, 우리 내일은 뭐 하고 놀까?"

잠들기 전에 아이가 이런 말을 하면 그날은 성공입니다.

완벽주의 금지

아이와 함께 빵이나 쿠키를 만들 때는 마음을 비우고 시작해야 합니다. 빨리할 수도 없을뿐더러 부엌이 밀가루 천지가 되는 것쯤은 예사로 여겨야죠. 무엇보다도 내 방식대로 따라오지 못하는 아이를 참을 수 없을 때가 많습니다. 그래도 아이와 요리를 합니다.

평소에는 위험하다고 주지 않는 칼도 줘봤습니다. 아이는 다치지 않게 조심하며 오이를 잘랐습니다. 자신의 공간이 아닌 부엌에서 여러 도구를 사용하는 법을 차츰 알아갑니다. 스스로 방식을 터득하고 있습니다. 물론, 그 사이 나는 심호흡을 여러 번 해야 합니다.

많은 부분, 엄마들이 아이에게 짜증을 내는 이유는 아이가 엄마의 방식을 따라주지 않아서 그렇습니다. 빨리 준비하고 나가야 하는데 늑장 부리는 아이, 더러워지는 게 싫은 엄마와 늘 어지럽히는 아이, 로션 발라야 하는데 아프다며 도망가는 아이, 사례는 무궁무진하죠.

아이는 엄마처럼 완벽할 수 없는데 엄마는 그렇게 해야 한다고 말합니다. 그런데 생각해보세요. 엄마, 당신은 정말 완벽합니까?

가끔 내 다그침에 아이가 눈치를 보면 가슴이 덜컹합니다. 어른처럼 할 수 없는 아이에게 내가 뭘 기대하고 있는지……. 엄마의 기준에 맞추지 못할까 봐 전전긍긍, 눈치 보는 아이. 내 부족함으로 아이에게 상처를 주는 건 아닌지 생각해볼 일입니다.

한 템포 늦추기

결혼 전, 호주에서 워킹 홀리데이를 했습니다. 망고 농장에서 일했습니다. 고된 노동에 지쳐서 휴일 아침에는 보통 늦잠을 자거나 하릴없이 빈둥거렸죠. 마당이 넓은 숙소였습니다. 마당에는 고목이 많았습니다. 고목 밑동에 나뭇잎이, 보이지 않는 어떤 것에 묶인 채 바람에 파들파들 움직이고 있었습니다. 햇볕을 받아 샛노랗게 빛나는, 허공에 머무른 나뭇잎. 그때는 남자친구였던 남편을 깨웠습니다.

“봐, 요정이야.”

결혼 후, 엄마가 되니 아침은 늘 바쁩니다. 빈둥거렸다가는 애들의 아우성에 내 몸을 뜯어 먹힐 것 같습니다. 아이들이 좋아하는 소시지를 냈습니다. 둘째가 자기 몫을 다 먹고 더 달라고 합니다. 나갈 준비를 하느라 더 챙겨줄 여유가 없었습니다. 시간 개념이 없는 아이들이 가끔 힘듭니다. 다급하게 다른 것을 빨리 먹으라고 했습니다.

첫째가 선뜻 자기가 먹을 소시지 하나를 둘째 접시에 올려줍니다. 두 녀석이 사이좋게 아침을 즐깁니다. 두 아이를 보는 내 가슴이 ‘찌르르’ 울립니다. 멈출 때입니다. 출근을 준비하던 남편을 불러옵니다.

“봐, 우리 요정이야.”

우리의 요정은 당신의 요정과 다르지 않을 겁니다.

love
you

3

꿈을 이루는 아이로 키우고 싶다면

과정을 중심에 두기

아이들과 같이 그림 그리는 걸 무척 좋아합니다. 그림을 그리면서 아이들의 손 근육이 얼마나 발달했는지, 그림으로 어떤 걸 표현하는지 보는 게 즐거워요.

어느 날, 공주를 그리던 아이가 잘 그려지지 않는다며 짜증을 냈습니다.

"연습하면 잘될 거야. 이든이 어렸을 땐 사람도 못 그렸잖아."

아이가 힘들어할 때마다 얼마 전 이야기를 해주었습니다. 그리고 연습 때문에 더 잘하게 되었다고 북돋아주었습니다.

"엄마, 이것 봐, 공주야!"

"와, 정말 멋진 공주야! 연습 많이 했나 보다!"

공주를 성공적으로 그리고 난 후 아이는 그림에 재미를 들였습니다. 그러더니 한글 공부책에 ㄱ, ㄴ, ㄷ을 그럴싸하게 '그려' 놓았습니다. 훌륭하다고 칭찬하자 아이가 말했습니다.

"연습 많이 했거든!"

엄마가 과정을 중요하게 여기면 아이도 그렇게 합니다. 자연스럽게 지구력을 고양하는 방법입니다.

넘치는 사랑은 독

과도한 사랑은 인간에게 아무런 명예나 가치도 가져다주지 않는다.

When love is in excess it brings a man no honor nor worthiness.

에우리피데스 Euripides · 고대 그리스의 시인

자신의 아이는 모두 특별합니다. 하지만 내 아이만 특별하진 않습니다. 같이 살아가는 세상, 아이에게도 자신이 아닌 다른 사람의 중요성을 알려줘야 합니다. 종종 그렇지 않은 부모를 만나면 그 아이의 미래가 걱정되기도, 안타깝기도 합니다.

한 엄마가 있습니다. 아이가 너무 소중하고 특별해서 조심조심 키웠습니다. 엄마가 아이를 훈육하지 않은 것은 아니었지만 다른 아이들과 함께 있으면 유독 통제가 되지 않았습니다. 특히 여럿이 모인 자리에서 이 아이는 또래를 때리거나 욕을 하고 침도 뱉었습니다. 그럴 때 엄마는 슬쩍 외면을 했습니다.

"다른 사람들은 내 아이를 잘 다룰 줄 몰라요. 그렇다고 자꾸 하지 말라고 하기도 속상해서 차라리 사람들을 안 만나려고요."

다른 사람들이 남의 아이를 다룰 줄 모르는 건 당연합니다. 그렇다고 훈육을 포기하거나 교류를 끊으면 아이는 어떻게 배울까요?

한국 부부의 갈등 원인 중 하나가 어릴 때부터 왕자, 공주로 자라왔기 때문이라는 해석이 있습니다. 자신이 최고라는 생각으로 자랐으니 이해하고 양보해야 할 것이 많은 부부생활에 문제가 생기는 거죠.

내 아이가 타인과 함께 조화를 이루는 어른으로 자라길 원한다면 스스로 말해주세요. 내 아이도, 남의 아이도 특별하다고. 아이에게도 말해주세요. 모든 사람은 특별하다고.

다름
받아들이는 법

No one is born hating another person because of the colour of his skin or his background or his religion.

넬슨 만델라 Nelson Mandela · 남아프리카 공화국 최초의 흑인 대통령, 노벨 평화상 수상

큰딸아이 이든이는 공주를 좋아합니다. 생 텍쥐베리의 소설 〈어린 왕자〉에 나오는 이야기를 차용해 손수건을 묶어 공주를 만들어 줬습니다. 소설 속 아저씨는 양을 그려달라고 조르는 어린 왕자에게 구멍 세 개 뚫은 상자를 그려줬죠. 자기가 원하는 양을 그 상자에서 찾은 어린 왕자는 행복해졌어요.

손수건의 한쪽 끝을 묶어서 공주 머리, 아래는 드레스라고 말해

췄더니 손수건은 〈겨울왕국〉의 엘사도 되고 〈리틀 프린세스〉의 소피아도 됩니다.

그래서 공주놀이를 도입했습니다. 한국, 영국, 중국, 태국 등의 공주들을 보여주고 그 나라의 이야기를 해줬습니다. 공주가 없는 나라의 이야기도 해주었습니다. '다름'을 알려주고 싶었거든요.

아이가 유치원에 들어갔습니다. 이든이가 속한 반은 다수의 아이가 아프리카계 미국인, 즉 흑인이었습니다. 처음으로 아이가 자신과 타인의 다름을 인식하고 반 친구들이 '싫다'고 했습니다.

나는 아프리카 북동부의 작은 나라 에리트레아 친구들과 함께 지냈던 얘기를 해줬습니다. 여태 만난 사람 중 그들만큼 사랑스러운 민족을 본 적 없다는 말도 덧붙였습니다. 유치원 다녀온 첫날, 아이가 말했습니다.

"엄마가 맞았어요. 그 애들, 정말 재미있어요!"

이제 이든이는 이불을 두르고 변신하는 공주 중에 인도, 아프리카 공주도 넣었습니다.

터부는 무지에서 시작됩니다. 알고 경험하면 '다름'은 새로운 '조화'로 진화합니다.

모험
즐기기

남편은 늘 말합니다.

"난 내 딸들이 두렵다고 시도조차 안 하는 사람으로 자라길 바라지 않아."

남편은 종종 스스럼없이 아이들과 거친 놀이를 합니다. 남편이 그네를 밀어주면 다른 부모들은 모두 놀랍니다. 아이가 떨어질 것 같다면서요. 사실, 한 번 떨어졌습니다. 아이는 3분 정도 울고 다시 그네를 탔습니다. 이제는 원숭이처럼 그네를 타면서 앉았다, 일어났다 별짓을 해도 떨어지지 않습니다.

많은 부모들이 아이가 다치는 것을 두려워합니다. 나도 무섭습니다. 하지만 스스로 한계를 시험하지 않으면 한계가 어디인지 알지 못합니다. 나는 내 아이들이 자신의 한계를 깨달으면서 한계를 넓히는 사람이 되기를 바랍니다. 그래서 남편이 그네를 있는 힘껏 밀어도 꼭 참습니다.

이든이는 어린이용 암벽 등반도 곧잘 합니다. 구름다리에 매달리다가 떨어져도 한 번 울고 다시 시도합니다. 아직 어리지만 몸으로 하는 놀이에서 빼지 않습니다. 할 수 있다고 생각하고 실제로 할 수 있습니다.

다섯 살, 이든이는 할 수 있는 건 다 하는 아이입니다. 열 살, 스무 살, 마흔 살의 이든이를 상상하면 흐뭇합니다.

상상력의
힘

칼 사강 Carl Sagan • 미국의 과학자이자 저술가. 대표작 《Contact》 외 다수

아이가 생기니 장난감 욕심이 생깁니다. 인형의 집을 보고 나서 아이도 가지고 싶어 했지만 엄마인 나도 얼마나 사고 싶었던지. 세일이라도 하지 않나 인터넷 쇼핑몰을 들락거린 지도 꽤 됩니다.

어느 날, 남편이 아이와 인형의 집을 만든다고 나섰습니다. 상자를 자르고 붙이더니 같이 물감을 칠하지 않겠느냐며 물었습니다. 우리 모두 붓을 들고 낄낄거리면서 물감칠을 했습니다. 각자 고른

색깔에 감탄하며, 서로 좋아하는 색깔을 물으며 인형의 집은 근사
하게 완성되었습니다. 물론 비싼 기성제품과는 비교할 수 없습니다.

하지만 아이는 우리가 만든 인형의 집을 〈겨울왕국〉 엘사의 궁전
으로 만들었다가 캐나다에 사는 할머니 집으로 만들었다가 동물원
으로도 만듭니다. 아이에게 필요한 것은 '상상력'을 증폭시켜줄 장
난감이지 비싼 장난감이 아니었습니다.

그 후, 나는 언젠가는 사겠노라고 다짐했던 비싼 자석 블록 장난
감을 리스트에서 지웠습니다. 대신 젠가 나무 블록을 샀습니다. 칠
천 원짜리 나무 블록으로 아이는 엘사의 궁전을 짓고 도미도도 만
들고 심지어 소꿉놀이, 글자놀이도 하면서 상상력을 펼칩니다.

아이의 상상력을 내 잣대로 규정하면 안 되겠다는 다짐을 합니다.

독서의
힘

어릴 때부터 책을 좋아했습니다. 책 속에 있는 또 다른 세상에 푹 빠지는 재미만큼 즐거운 것은 없었습니다. 책 읽기의 즐거움을 아이들에게도 알려주고 싶었습니다. 하지만 아이가 어릴 때는 생각만큼 쉽지 않았습니다. 책과 함께 노래를 하거나 동작을 보여주어야 집중했거든요. 노력 탓인지 성향 탓인지 아이는 책을 좋아합니다.

책 읽어주기는 지금도 계속되고 있습니다. 하지만 방식은 조금

다릅니다. 아이는 혼자 책을 보다가 좀 지루해지면 나에게 옵니다.

"엄마, 책 읽어주세요."

그러면 나는 하던 것을 다 끝내면 읽어주겠다고 말합니다. 아이는 고개를 책에 파묻고 기다립니다. 글을 읽지 못하는데도, 처음 보는 책인데도 책에 빠진 아이를 보면 신기합니다.

얼마 전 어린이집 선생님이 아이를 칭찬했습니다.

"이든이가 친구들을 모아놓더니 책을 읽어줬어요."

아는 책은 문장 그대로 말해주고 모르는 책은 자기가 상상해서 말해줬다고 했습니다.

그즈음에 아이는 동생을 옆에 앉혔습니다.

"이준아, 언니가 책 읽어줄게. 이거는 생쥐 아저씨 얘기야."

책 읽어주는 엄마를 따라 하는 걸까요? 자기가 좋아하는 것을 나누려는 걸까요? 알 수 없지만 이든이의 책 읽기는 계속됩니다.

기대
줄이기

이웃들과의 모임에서였습니다. 한 엄마가 아무렇지도 않게 말했습니다.

"우리 애를 이렇게 잘생기고 똑똑하게 태어나게 해줘서 얼마나 감사한지 몰라요."

그 엄마의 자랑을 다른 엄마들이 뜨악해하는 걸 알았을까요?

"자기 애가 진짜 잘생긴 줄 아나 봐요."

"애가 못생기고 똑똑하지 않으면 감사하지 않은가 보죠?"

자식자랑을 한 엄마는 얼마간 이웃 엄마들 입에 오르내렸습니다.

얼마 후에 만난 그녀는 아이에게 한글을 가르친다면서 말했습니다. 그러나 생각 외로 아이는 잘 따라오지 못했고 자기도 결국 화를 냈다고 했습니다. 아이는 준비가 안 된 게 분명해 보였습니다.

"엄마가 좀 더 부지런하면 영재를 만들 수 있는데, 잘 안 되니 그게 안타까워요."

아이에게 기대하는 건 당연합니다. 하지만 기대가 아이에게 상처가 되어서는 안 되겠죠.

최고의 탁구 선수 유남규가 코치가 되었을 때 많은 선수가 상처를 받았다고 합니다. 시범을 보이며 이게 왜 안 되느냐는 유남규 코치의 말에 선수들이 말했습니다.

"우리는 유남규가 아니잖아요."

모르는 사이에 주는 상처가 알고도 주는 상처보다 치명적일 수 있습니다. 기대의 이면에 있는 상처는 그런 종류의 것입니다.

포기
금지

남편이 큰아이를 데리고 산행을 나섰습니다. 산이 얕아도 등산은 처음인 아이가 걱정되었지만 허락했습니다. 남편이 산 정상에서 영상통화를 걸었습니다. 땀에 젖은 아이는 초코 과자를 먹으면서 말했습니다.

"엄마, 내가 다 했어요! 내가 다 올라왔어요!"

물론 남편이 조금만 더 가면 된다고 백번은 말했겠죠. 한 시간 동안—어른 걸음으로는 20분이면 되는 거리지만—힘들어하면서도 용기를 북돋아주는 아빠와 함께 정상에 오른 아이. 그러면서 먹는 초코 과자의 맛이 어땠을까요?

내려올 때 아이는 남편 등에 업혀서 내려왔습니다. 업혀서 30분을 잤답니다. 아이보다 더 힘들었을 남편이지만 그래도 재밌었답니다.

며칠 동안 아이는 산 이야기를 했습니다. 산에서 내려다보는 집들이 무척 예뻤다고. 군대 다녀온 사람처럼, 진통 끝에 아이 낳은 엄마처럼 성취감에 젖은 아이를 보는 것이 기뻤습니다. 힘들어도 해낸 아이가, 아이를 업고 내려왔어도 좋아하는 남편이 고마웠습니다.

아이가 인생에서 힘든 일이 닥치더라도 '조금만 더, 조금만 더'라고 스스로를 채찍질하는 어른으로 자랐으면 좋겠습니다. 이런 기대를 뒷받침하는 건 아무리 생각해도 부모의 노력인 것 같습니다.

앎의 즐거움 가르치기

캐나다에서 아이를 낳고 키우면서 아이는 한국어보다 영어를 더 잘하기 시작했습니다. 조급한 마음이 들었습니다.

'한글을 빨리 가르쳐야 할까? 한글책 위주로 읽어줘야 할까?'

그러나 휴가 차 한국에서 보낸 석 달 동안 아이의 한국어 실력은 놀라운 발전을 보였습니다. 책을 읽어준 것도 학습지를 시킨 것도 아니었습니다. 그냥 놀게 했습니다. 새로운 환경에서 새로운 친구들과 아이는 신 나게 놀았습니다. 아마 한국의 많은 엄마가 아이를 영어 유치원이나 어학연수를 보내는 이유가 이것이지 않을까 싶습니다.

영어와 한국어 사이에서 조급증이 들었던 건 아이의 장래에 대한 불안감 때문이었을 겁니다. 하나라도 뒤처지면 안 된다는 비교심리 때문이었을 겁니다. 내 아이는 특별하니까.

모든 엄마에게 자기 아이는 특별합니다. 그러니 남들보다 특별한 삶을 살도록 공부를 시킵니다. 빨리, 많이. 아이는 좋아하지 않아도 공부를 합니다. 앎의 즐거움을 박탈당한 채.

스스로 깨우쳐가는 즐거움을 알려주세요. 많이 놀아본 아이가 놀 줄 알고, 스스로 즐거움에 대해서도 잘 알게 됩니다. 때가 오면 아이는 스스로 자신의 길을 찾아냅니다. 그때 전폭적인 지지를 해주세요. 지지를 하는 방법이 학습지나 학원 보내기만은 아닐 겁니다.

부드럽게
습관들이기

Good habits formed at youth make all the difference.

아리스토텔레스 Aristoteles · 고대 그리스의 철학자

어릴 때의 습관이 무섭다는 걸 모르는 사람은 없습니다. 하지만 바른 습관을 들이기가 쉽지 않아요. 바른 습관은 아이의 삶에 중요한 동력이 됩니다. 그러니 아이들이 좋은 습관을 가질 수 있도록 도와주세요.

화장실에 다녀와서 손을 씻고 불을 끄게 했습니다. 손 씻기 싫다고 아우성을 칠 때는 간단하게 설명했습니다.

“이든이 쉬 먹고 싶어요? 손에 쉬가 묻었을 수도 있잖아요.”

화장실 불을 끄지 않았으면 다시 알려줍니다.

“불 끄는 거 까먹었구나? 불을 끄지 않으면 돈을 많이 내야 해요.”

그러면 “엇!(실수!)” 하면서 달려가 불을 끕니다.

장난감 정리하기를 싫어할 때면 도와주면서 이렇게 말합니다.

“장난감이 너무 많아서 힘든가 보네. 도와줄게요. 다음에는 이든이가 혼자 하기.”

왜 안 하느냐고 아이에게 짜증 내고 싶다가도 삼킵니다. 짜증을 내면 아이나 나나 기분이 나빠지더군요. 아무렇지 않게 일깨우면 아무렇지 않게 바로잡고요. 애나 어른이나 부드럽게 요구해야 받아들이니 참, 엄마는 힘들어요.

자발적인 학습,
자발적인 성공

스티브 잡스 Steve Jobs · 새로운 아이디어로 세계 디지털 산업을 바꾸어놓은 애플의 창시자

다섯 살짜리 아들을 둔 친구가 있습니다. 맞벌이에 바쁜 친구는 아이의 교육을 위해 방문학습지를 선택했습니다. 한글을 먼저 시작했다는 친구는 근심 어린 표정이었습니다.

"선생님은 아이가 탐탁지 않은가 봐. 애가 너무 집중을 못 한대."

나도 그런 때가 있었습니다. 학습지를 하면 아이가 한글을 빨리 깨치지 않을까, 좀 더 빨리 알게 되면 스스로 책을 읽으면서 새로운 세상을 알게 되지 않을까 조바심냈던 때가. 하지만 만 6세 전의 인지교육이 아이들의 감수성, 상상력 발달을 저해한다는 전문가의 의견을 접한 다음부터 마음을 접었습니다. 그림책의 아름다움을 느낄 수 있도록, 문자가 아닌 그림으로 세상을 더 느낄 수 있도록 기다리기로 했습니다. 무엇보다도 아이가 준비가 되었을 때를 기다리고 싶습니다. 그래서 내가 친구에게 말했습니다.

"애가 아직 준비가 안 됐나 봐. 좀 기다려봐."

그러자 친구가 말합니다.

"남들 다 하니까 나도 해야 할 것 같아. 내가 신경을 잘 못 쓰잖아."

그걸로 친구와의 대화는 끝났지만 남은 질문들에 마음이 어지럽습니다. '남들'의 기준에 내 아이를 맞추는 것이 과연 옳은 걸까요? 왜 남들과 다른 내 아이를 남들과 똑같이 만들려고 하나요? 엄마의 불안이 아이를 다그치는 건 아닐까요?

아이든 어른이든 스스로 원해야 잘할 수 있다는 걸 엄마들은 종종 잊어버립니다. '내려놓기'가 필요한 순간입니다. 하나를 얻으려다 두 개를 잃을 순 없으니까요.

독립적 사고의 중요성

프리드리히 니체 Friedrich Nietzsche · 독일의 철학자. 대표작《차라투스트라는 이렇게 말했다》외 다수

어린이발달상담소의 한 사례입니다. 엄마가 아이와 함께 상담소에 왔습니다. 소극적이고 또래와 어울리지 못한다는 아이. 상담사는 아이에게 좋아하는 음식을 물었습니다. 우물쭈물하는 아이에게 엄마가 말했습니다.

"너 좋아하는 거 있잖아. 채소 많이 썰어 넣은 거."

아이가 엄마를 보며 생각하려고 애씁니다. 보다 못한 엄마가 말합니다.

"카레잖아, 카레. 너 카레 좋아해."

아이의 얼굴에 안심의 빛이 돕니다. 상담사는 엄마의 과도한 개입이 아이의 자주성을 해쳤다고 평가했습니다.

어디부터 어디까지 엄마의 개입이 필요한 걸까요? 어디까지 해주어야 엄마의 개입이 아이의 자주성을 해치지 않을까요? 나는 아이들에게 원하는 것을 물어봅니다.

"밥을 먹을래요, 빵을 먹을래요? 그림책 볼까요, 블록놀이 할까요?"

아이가 다섯 살이 되니 내가 준 틀을 벗어나는 답을 합니다. 나름의 제안도 시작했습니다.

"그럼 블록놀이하고 물놀이하는 건 어때요?"

무리한 것이 아니라면 대부분 들어줍니다. 아이는 내가 정한 틀을 벗어나려고 스스로 생각하기 시작했습니다. 스스로 생각한 놀이로 재미있어하니 또래들도 아이와 함께 노는 걸 좋아합니다.

엄마는 대부분 옳습니다. 하지만 항상 옳지는 않습니다. 그러니 손을 내밀어주되, 잡는 건 아이에게 맡기세요.

눈높이
교육

네 돌이 넘으면서 아이는 그림에 푹 빠졌습니다. 나는 옆에서 아이가 그린 그림에 아이가 붙인 제목을 써줍니다. '엄청 큰 왕관을 쓴 공주', '날개 달린 공주', '이든 공주'.

아이는 요새 엄마처럼 한글을 쓰는 흉내를 냅니다. ㅂ을 거꾸로 쓰고 무슨 글자냐고 묻습니다. YTX를 써놓고 무슨 뜻이냐고 묻습니다. 우리 둘은 깔깔거리면서 글자를 그립니다. 오늘 아침에 아이와 이쑤시개로 글자를 만들며 놀았습니다.

잠들기 전에 이든이와 나는 그날 하루 있었던 일을 이야기합니다. 숫자로 마음을 표현하는 아이를 부추겨 숫자 세기 놀이를 합니다.

"엄마, 난 놀이터가 아주 좋아. 백 개나 좋아. A hundred! 백까지 세어 보자!"

열넷, 열여섯, 열아홉, 스물. 꼭 몇 개씩 빼먹는 녀석을 살짝 고쳐 주면서 기분 좋게 잠이 듭니다.

놀면서 배운다는 말은 훌륭한 진리입니다. 아이와 놀 때 아이에게 집중해서 아이의 수준으로 가르쳐보세요. 엄마가 집중하지 않으면 아이들은 귀신같이 알아채고는 꽁알거리죠. 반대로 수준을 맞추지 않고 너무 어려운 말을 하면 아이가 멍해지는 걸 느낍니다.

집중한다면 엄마는 아이의 변화를 알 수 있습니다. 가슴 짜릿해지는 순간, 집중하지 않으면 찾아지지 않아요.

대화로
교육하기

The most influential of all educational factors is the conversation in
a child's home.

월리엄 템플 William Temple · 16세기 영국의 교육자

직업이 증권 애널리스트인 엄마가 있습니다. 그녀는 아이들과 저녁 식사 시간에 증시에 대해 이야기하는 것을 좋아합니다. 이 종목은 언제 투자하기 적합한지, 이런 시기에는 무엇을 팔아야 하는지 아이의 시각으로 설명했습니다. 아홉 살 무렵에 아이가 말했습니다.

"엄마, 지금 금융 상황을 보면 공격적 투자보다는 현 상황에서 방어를 해야 할 것 같아요."

어릴 때부터 엄마의 일에 대해 듣고 대화에 참여하다 보니 나름의 판단하는 기준이 생긴 거죠.

자신의 일을 아이들과 이야기한다는 건 쉽지 않은 일입니다. 아이가 이해할 수 있도록 설명하기가 어디 쉬운가요. 하지만 설명하다 보면 엄마도 간단하게 정리할 수 있습니다.

"오늘 엄마가 글 많이 썼어."

"무슨 글 썼는데?"

"아이를 어떻게 키우는지에 대해. 이든이랑 이준이 생각이 많이 나서 무척 보고 싶었어."

"(한 번 안아주고는) 어떻게 키우는데?"

"맛있는 거 주고, 깨끗하게 씻기고, 놀아주고, 많이많이 안아주고."

"와, 힘들겠다."

아이들의 시각에는 분명히 어른들의 감정을 환기시키는 힘이 있습니다. 그러니 아이들과 대화하세요. 교육적으로도 스트레스 해소용으로도 훌륭합니다.

집에서 하는 체험학습

벤자민 프랭클린 Benjamin Franklin · 미국의 과학자이자 정치학자, 발명가로 피뢰침을 발명

아홉 살의 나이에 미국 최연소 대학생이 된 아이의 이야기입니다. 아이의 천재성은 네 살 때 음악에 소질을 보이면서 드러났습니다. 하지만 그 부모의 교육 방식도 보통은 아니었습니다.

아이의 부모는 수학의 개념을 부엌에서 가르쳤습니다. 빵을 만들 때 계량컵으로 셈을 알려줬습니다. 한 컵에 한 컵을 더하면 두 컵, 한 컵 반에 반 컵을 더하면 역시 두 컵. 이런 식으로 아이는 수에 대한 개념을 이해했습니다. 반 컵, 삼 분의 일 컵 등 분수의 개념을 알게 되면서 미분, 적분의 중요성을 알아갔습니다. 머핀을 구우면서는 베이킹소다와 물, 열이 만나면서 빚어내는 화학작용을 가르쳤습니다.

아이들은 몸으로 배우면 곧잘 기억합니다. 같이 쌀을 씻으면서 쌀을 비롯한 잡곡을 알게 되고, 아이스크림 포장에 들어있는 드라이아이스를 물에 넣으면서 훌륭한 과학 실험을 합니다. 밖으로 굳이 나가지 않아도 집에서 아이들과 함께할 수 있는 체험학습이 얼마나 많은지요.

일요일 아침에는 아이들과 느슨하게 팬케이크를 구워보세요. 설거지할 때도 아이와 함께하세요. 기름때가 왜 비누에 잘 씻기는지, 생분해되는 비누가 환경에 왜 중요한지 말하면서요. 삶 속에서 배우는 일, 아이가 천재가 아니라도 충분히 즐거운 배움이 될 것입니다.

건전한 성교육 ;
엄마, 아빠의 스킨십

Sex is part of nature. I agree with nature.

마릴린 먼로 Marilyn Monroe • 미국의 영화배우. 대표작 〈7년만의 외출〉, 〈뜨거운 것이 좋아〉 등

'가풍'이라는 말이 있습니다. 각 가정의 분위기, 교양 정도를 의미하죠. 가풍은 아이들에게서 적나라하게 드러납니다. 아이들은 숨기는 법을 모르거든요. 굳이 말하면 우리 집 가풍은 '스킨십 자주 하기'입니다. 일어나서, 자기 전에, 헤어질 때 안아주고 뽀뽀하기는 기본입니다. 나와 남편은 아이들 앞에서 스스럼없이 포옹과 뽀뽀를, 간혹 조금 진하게도 합니다. 그래서 그런지 아이들도 상대를 안아

주는 것이 자연스럽습니다.

얼마나 안아주고 얼마나 입 맞추나요? 엄마와 아빠, 둘 말입니다. 부부싸움으로 툭탁거려도 한 번의 포옹으로 풀리는 수가 있습니다. 스킨십은 많은 경우, 문제를 아주 부드럽게 해결해줍니다.

친구네 집에서 하룻저녁 자고 난 다음 날 아침, 친구의 아이가 친구에게 물었습니다.

"엄마, 왜 엄마는 아빠랑 뽀뽀 안 해?"

우리 부부가 뽀뽀하는 걸 본 다음이었나 봅니다. 친구는 당황했지만 아무렇지 않게 말했습니다.

"엄마, 아빠는 너희 안 볼 때 해."

아이가 볼 때 해도 괜찮아요. 사랑하는 사람끼리는 만지고 안아주고 뽀뽀하는 거라고 가르쳐주세요. 건전한 스킨십을 어릴 때부터 알려주세요.

배움의 문
열기

알베르트 아인슈타인 Albert Einstein · 양자역학 발견으로 현대 물리학의 큰 획을 그은 천재 물리학자

큰아이와 그림을 자주 그리면서 알게 된 것이 있습니다.

'아이의 손 근육이 몇 달 전과는 사뭇 다르게 발달했구나, 사물을 인지하고 따라 그리고 싶어 하는구나, 이제 가르쳐도 되겠다.'

그래서 아이에게 제안했습니다.

"우리 공부해볼까?"

아이는 자기도 공부할 수 있다는 것이 신기했는지 눈을 반짝였습

니다. 그래서 색칠공부책에 있는 점선을 따라 그리기, 같은 과일 점
선으로 잇기, 동물을 세어서 숫자 쓰기 등을 따로 모아 해봤습니다.
아이는 밥 먹을 시간이 됐는데도 "하나만 더, 하나만 더"라며 오래
집중했습니다. '공부'가 끝난 다음에 물어봤습니다.

"공부 재미있어?"

"네! 매일매일 공부하고 싶어요. 백 개, a hundred! 아니, a
thousand!"

물론 미로 빠져나가기, 꼬인 선 찾아가기 등의 다소 어려운 것은
제대로 이해하지 못했습니다. 중요한 점은 아이가 준비되었다는
것, 그래서 처음 시도한 '공부'가 즐거웠다는 점입니다.

아이를 관찰하세요. 매의 눈으로. 아이가 달라지는 것이 보입니
다. 그럴 때, 아이에게 배움의 문을 열어주세요. 아이의 자발적 학습
은 부모의 관찰에서부터 시작합니다.

꿈의
실현

월트 디즈니 Walt Disney • 미키 마우스의 제작자이자 미국 애니메이션 산업의 개척자

나는 수영할 줄 모릅니다. 물에 떠서 몇 미터 앞으로 가지만 수영이라고 부를 수준은 아닙니다. 그렇다고 수영을 배우고 싶은 마음은 없습니다. 배우고 싶은 욕구가 없으니 아마도 죽을 때까지 하지 못할 겁니다.

이든이는 수영을 할 줄 압니다. 네 살 때부터 고작 일주일에 30분씩 레슨을 받았을 뿐인데 다섯 살인 지금은 10미터를 혼자 갑니다.

이든이는 수영 레슨을 계속해서 라이프가드가 되고 싶다고 합니다.

그런 이든이의 뒤에는 남편이 있었습니다. 어릴 때 수영을 배운 남편이 아이들의 안전을 위해서라도 수영을 가르치고 싶다고 했죠. 물을 무서워하지 않는 이든이의 성향, 또래보다 훨씬 큰 체격 조건을 따지면 남편은 방향을 잘 잡았습니다.

수영을 하면서 이든이는 자신의 몸을 어떻게 다루는지 배운 것 같습니다. 안전과 규칙에 대해서도 배웠습니다. 더 중요한 건 배우면서 스스로 목표를 만들어냈다는 점입니다. 우리는 이든이가 라이프가드가 될 때까지 수영 레슨을 받게 할 셈입니다.

아이가 목표를 세우면 실현하기 위해 응원해주세요. 그 목표가 무엇이 됐건 아이가 중요하게 생각한다면 밀어주세요. 든든한 지지자를 등에 업고 아이들은 꿈을 향해 돌진할 겁니다.

인내의 결실

아이들은 기다리는 것을 힘들어합니다. 배 고프면 먹어야 하고 심심하면 놀아야 하고 궁금하면 물어야 합니다.

하지만 배울 수 있습니다. 아이들과 자연을 관찰하세요. 변하지 않는 것 같으면서 변해있는 자연을 관찰하면서 아이들은 몸으로 자연의 속도와 기다림을 알게 됩니다.

한 가족이 나비 유충을 키웠습니다. 넓은 수조에 배춧잎, 브로콜리 등을 넣고 유충이 나비가 되는 과정을 지켜봤습니다. 애벌레가 번데기가 되었을 때 아이들은 조바심을 냈죠. 언제 나비가 되느냐는 아이들을 데리고 백과사전을 보면서 공부를 했습니다.

꼬박 2주를 인내하면서 맞이한 나비. 그때의 만족감은 이루 말할 수 없었습니다. 아이들은 나비를 '하니'라고 부르며 같이 살게 해달라고 졸랐습니다.

"나비는 날아가야 해. 여기서는 행복하지 않을 거야."

소중한 하니를 자연으로 보내면서 아이들은 울었습니다. 그러면서 아이들은 '이별'을 알게 되었죠. 가족 모두에게 나비는 소중한 존재가 되었습니다. 이제 아이들은 나비를 볼 때마다 하니를 이야기합니다.

기다림의 결과를 몸으로, 마음으로 느끼게 해주세요. 그러면서 인내를 배웁니다.

열정가로
키우기

아이 셋을 둔 부모가 있습니다. 이 부모의 양육 원칙 중 하나는 아이가 좋아하는 것을 적극 지원하기입니다.

열네 살 먹은 첫째는 낚시광입니다. 집 근처의 개울이나 좀 멀리 떨어진 하천에서 낚시를 즐기는 이 녀석은 물고기의 종류와 성질, 먹이 취향 등을 줄줄 외웁니다. 근처에 낚시하러 온 어른과 주거니 받거니 물고기에 관해 대화를 나누어도 막힘이 없습니다.

열두 살, 둘째는 그림에 소질이 있습니다. 분필 하나만 있어도 심심해하지 않고 거리를 자신의 '작품'으로 채우며 그림에 열정을 키웁니다. 어떤 때는 용 그림만, 어떤 때는 나무줄기 그림만 그립니다. 하나같이 아름답고 독특합니다.

셋째는 이제 학교에 들어갔습니다. 수줍음 많은 이 녀석은 공룡박사입니다. 발음하기도 어려운 공룡 이름을 하나하나 열거하면서 강연을 할 때만큼은 수줍지 않습니다.

이 아이들은 학원이 뭔지 모릅니다. 다만 자신이 무엇을 좋아하는지 압니다. 그리고 그 분야에서 두각을 나타냅니다. 이 아이들의 뒤에는 아이의 관심사가 무엇인지를 일찍 알고 열의를 가지도록 배려한 부모가 있습니다.

아이들의 열정을 지지해주세요. 그것이 무엇이건. 어린 열정이라고 얕잡아본다면 어른의 열정으로 자랄 수 없어요.

'부지런'
가르치기

규칙적이고 부지런한 생활로 남는 시간을 즐기는 법을 아이들에
게 알려주고 싶었습니다. 그러려면 엄마인 나부터 달라져야 했습
니다.

일곱 시에 일어나도 아홉 시 전에 외출하기가 버거웠습니다. 시
간에 쫓기는 아침이 개운하지 않았죠. 그래서 다섯 시에 일어났습
니다. 일어나자마자 요가를 하고 신문을 보고 차를 마셨습니다. 하

루를 '나부터 챙기기'로 시작하니 활력이 생겼습니다. 시간 맞춰 주방에서 달그락거리면 아이들도 부스스 일어납니다.

전에는 아이들 준비시키고 내 준비하느라 바빠서 아이가 소변을 봤는지 확인하는 걸 가끔 잊었습니다. 그러면 유치원에 가다 말고 화장실을 찾아야 하는 일이 생겼습니다. 그래서 아이가 일어나면 먼저 화장실을 보냈습니다. 걱정 하나를 덜었습니다.

밥을 느리게 먹는 아이에게 빨리 먹으라고 채근하기가 힘들었습니다. 밥 먹다 자리를 뜨는 것은 그릇을 치우는 걸로 멈추게 했지만 느린 것은 어찌할 바를 모르겠습니다. 알람을 맞추고 "10분 남았다, 5분 남았다" 하고 알려주었습니다. 유치원 가기 싫다고 짜증 낼 때도 있지만 대체로 시간에 맞춰줍니다.

이제 종종 아이들이 나를 기다립니다.

"엄마, 빨리 와요!"

매일 이렇진 않지만 매일 아이들은 자라니 매일, 달라질 겁니다.

자신을
믿는 아이

"우리는 지금, 예전에 현이 삼촌이랑 밥 먹었던 데 갈 거야."

식당에 도착하기 전에 아이에게 말했습니다. 주문하려는데 아이
가 물었습니다.

"아기 야옹이는 어디 있어, 엄마?"

애가 무슨 말을 하는지 알 수 없었습니다.

"여기는 아기 야옹이 없는데?"

"아냐, 있었어. 아기 야옹이랑 멍멍이랑 있었어. 현이 삼촌이랑 밥 먹을 때!"

생각을 더듬어야 할 때입니다. 아기 야옹이랑 멍멍이가 있는…… 현이 삼촌이랑 먹었던 식당……찾았습니다!

"아, 바닷가 근처에서 먹었던 데구나! 맞아, 거기 아기 야옹이가 있었어. 그런데 여긴 거기가 아니야."

"맞지? 엄마? 아기 야옹이 있었지? 내가 맞지?"

우기기 일보 직전의 상황이 아슬아슬하게 마무리되었습니다. 휴, 한숨을 돌립니다.

아이는 아직 논리가 부족하고 설명하는 능력도 떨어지니 우기기가 능사입니다. 이럴 때 논리로 무장한 엄마가 아이의 주장을 반박하면 아이는 쉽게 상처받습니다. 아이는 요점을 비켜가도 주변 상황에 밝아지고 있어요. 그러니 들어주고 이해해주고 맞장구쳐주세요. 스스로 믿으면서 아이는 자존감을, 독립심을 키워갑니다.

교육 방법 돌아보기

영어 유치원에서 선생님을 하는 친구가 있습니다. 아이들 이야기를 하다가 자기는 종종 엄마들을 이해하지 못하겠다고 합니다. 조바심 때문인지 비교심리 때문인지 엄마가 아이를 그냥 두지 못한다며 한탄했습니다.

"애가 단어를 많이 모른다고 타박하더라니까. 애는 엄마도 못하는 영어를 하고 있는데!"

영어 유치원 선생님이었던 남편이 옆에서 맞장구를 칩니다.

"스펠링을 못 쓰면 어때. 이미 말하고 있는데. 언어를 배울 때 말부터 하지 쓰기부터 하나?"

남편과 친구는 영어 교육을 위해 아이들을 놀게 해야 한다고 뜻을 모았습니다.

다른 나라의 언어를 배우려면 말부터 해야 합니다. 그런 교육을 받지 못했던 우리 세대 사람들이 부모가 되어 아이들에게 단어를 외우라고 강요합니다. 그건 아이에게 어울리는 바른 교육 방법이 아닙니다.

가끔 자신의 교육 방법을 점검해보세요. 아이가 즐겁게 배우도록 지원하고 있는지 생각해보세요. 맞는 길로 가고 있는지 확신이 서지 않을 때는 전문가의 의견을 들어보세요. 아이를 가르치려는 이유, 아이의 행복을 위함이 아니던가요?

생각하는 힘

Any man who reads too much and uses his own brain too little falls into lazy habits of thinking.

알베르트 아인슈타인 Albert Einstein • 양자역학 발견으로 현대 물리학의 큰 획을 그은 천재 물리학자

아이와 책을 많이 읽는 편입니다. 책을 읽다가 모르는 것을 설명도 해주고 주인공의 감정이나 아이의 감정을 나누기도 합니다. 물론 바쁠 때는 책만 읽어주는 경우도 있습니다. 그럴 때는 마음이 찜찜해서 나중에 다시 읽을 때 꼭 물어봅니다. 거기에는 이유가 있습니다.

"이든아, 이거 무슨 말인지 알아?"

“아니, 몰라요.”

책을 읽다가 이 단어가 뭔지 알까 싶어 아이에게 물었을 때였습니다. 모르는데 왜 가만있었느냐고 하자 아이는 다시 모른다고만 했습니다. 난감했습니다. 난이도가 있는 책을 읽을 때는 설명을 해주기로 마음먹었습니다. 그렇지 않으면 책 읽는 엄마나 듣는 아이나 시간을 허비하니까요.

아직 아이는 책을 읽고 난 후 전체적인 줄거리를 말하지는 못합니다. 거기까지는 뇌의 처리 용량 밖인 것 같습니다. 하지만 인과관계는 사뭇 잘 꿰고 있습니다. 나름의 해석도 붙입니다.

“엄마, 앰버는 소피아가 미웠나 봐. 이준이가 나 귀찮게 할 때처럼. 그럼 나도 이준이가 싫거든.”

“그래. 그랬나 봐. 그런데 언니, 동생끼리 싸우면 너무 속상하겠다.”

“응, 안 싸우는 게 훨씬 좋아. 이준이는 애기니까 가르쳐줘야 돼.”

스스로 생각하는 아이로 키우는 게 쉬운 일은 아닙니다. 하지만 너무 어려운 일도 아닌 것 같습니다.

love
you

4

당당한
엄마가
되고 싶다면

엄마의
힘

노자 Lao Tzu · 중국 고대의 사상가

하소연하는 친구들이 있습니다. 전화를 걸 때나 만났을 때, 너무 힘들다는 말을 합니다. 친구들의 레퍼토리는 비슷합니다. 아이 키우기 힘들다, 살림하기 싫다, 시댁이 너무 짜증 난다, 급기야 사는 게 싫다고까지 푸념합니다. 이런 말을 들을 때마다 어떻게 해야 좋을지 모르겠습니다. 그들을 위해 대신 살아줄 수도 없는 노릇이니 말입니다.

“울어봤자 소용없잖아!”

어릴 때부터 지금까지 마음을 나누는 친구가 힘들다며 복받쳐 울다가 던진 말입니다. 하소연해도 소용없고, 울어도 소용없습니다. 닥친 일은 겪어야 끝납니다. 어리고 마음도 여렸던 그 친구가 울면서 스스로를 다잡으려고 했던 말이 나에게도 치유의 힘이 되었습니다.

마음이 힘들 때 나는 친구의 말을 되뇌었습니다. 스스로 삶을 책임져야만 내가 만든 작은 생명을 책임질 수 있다며 울지 않았습니다. 그렇게 마음을 다스리며 나는 조금 강해졌습니다. 무슨 일이 일어나도 스스로 치유하며 내 새끼들을 돌보는 엄마가 되었습니다.

스스로를 돌보세요. 누군가 위로해준다 해도 그건 그때뿐입니다. 위로의 말은 사라지고 문제는 그대로 있습니다.

자기 알기

나에게는 큰 단점이 하나 있습니다. 마음속으로 상대를 '사사삭' 스캔해서 그가 나보다 열등한 점을 정리합니다. 그러면서 혼자 우월감을 즐깁니다. 그런데 반대의 경우, 나보다 월등한 점이 있으면 그 사람에게 맹렬히 질투를 느낍니다.

'네가 뭔데 나보다 나은 거냐?'

이 단점은 나에게 독이 되었습니다. 내가 타인을 보는 방식으로 타인도 나를 본다고 생각하기 때문입니다. 그러니 남이 주지 않은 상처를 혼자 받기도 합니다.

살면서 단점을 많이 고쳤습니다. 세상을 돌면서 풀이 꺾이기도 했겠죠. 무엇보다 내 단점을 고치려 노력하니 삶이 한결 수월해졌습니다.

이제 나는 상대와 나를 비교하지 않습니다. 비교해서 우열을 가려봤자, 피곤한 건 자신이거든요. 내 남편이 누구 남편보다 못하다느니, 내 애가 누구 애보다 낫다느니 따져봤자 결국 손해 보는 건 마음이 어지러운 자신이에요.

물론 남들이 나를 그들과 비교하는 것까지 막을 수는 없습니다. 그러나 그건 그들의 문제. 그들이 무슨 생각으로 나를 판단하든 내가 좋은 걸 합니다. 그러다 보니 평화롭습니다.

우리에게 필요한 건, 마음의 평화. 그건 우리에게 달렸습니다.

후회 금지

Be miserable. Or motivate yourself. Whatever has to be done,
it's always your choice.

웨인 다이어 Wayne Dye • 미국의 심리학자

한 친구가 있습니다. 남부럽지 않은 직장, 번듯한 외모, 모나지 않은 성격까지 어디 하나 큰 흠이 없습니다. 그러나 한 가지, 이 친구는 후회를 잘하는 성격입니다. 그러다 보니 매일매일 불만과 후회의 연속입니다.

친구에게 직장은 늘 그만두고 싶은 곳이었습니다. 십 년 넘게 다닌 직장이지만 틈만 나면 그만두고 싶었습니다. 그런데 막상 육아

휴직 후 퇴사를 하더니 몇 년을 후회 속에 살았습니다. 그만한 직장이 없었답니다.

아이가 생기지 않아 많은 고생을 하던 친구는 어렵게 임신을 했습니다. 그런데 육아는 또 얼마나 새로운 세계인가요, 역시 후회를 합니다.

"이럴 줄 알았으면 애를 낳지 않았어."

외벌이를 하는 남편의 힘든 점을 모르는 것이 아닌데도 종종 친구는 이런 말을 합니다.

"이런 게 결혼인 줄 알았다면 결혼, 하지 않았을 거야."

누구도 친구의 선택을 말리지도, 적극적으로 권하지도 않았습니다. 모든 것은 친구의 선택이었습니다. 후회마저도 친구의 선택입니다.

혹시, 이 친구, 당신입니까?

삶
꾸리기

The man who has no inner life is a slave to his surroundings.

헨리 프레드릭 아미엘 Henri Frédéric Amiel · 스위스의 철학자이자 시인, 평론가

오랜만에 친구를 만났습니다. 친구는 오랜 직장생활을 마치고 전업주부로 돌아섰다가 근래에 다시 일을 시작했습니다. 전업주부로 2년을 살다 보니 우울증이 왔습니다. 깨끗이 집을 치워도 애가 한바탕 놀면 다시 제자리, 한껏 요리해서 차려도 다른 반찬을 달라는 밉상 가족들……. 그 얘기에 맞장구를 쳤습니다. 가족을 돌보는 전업주부만큼 어려운 일은 없다는 말에 고개를 끄덕이기도 했죠.

"내 부하 직원들이 하던 일을 주부가 된 후, 남편을 위해 해야 할 때만큼 우울했던 적이 없어."

그녀는 결혼 전에 하던 일과 비슷한 일을 지금은 파트타임으로 하고 있습니다. 그러면서 활력이 생겼다고 했죠. 그녀는 집에 있는 주부로서는 만족할 수 없는 사람입니다.

나 역시 주부로만은 만족하지 못합니다. 그래서 새벽에 일어나 글을 쓰고 책을 읽습니다. 물론 갓 구운 빵에 환호하는 아이들, 반짝반짝 빛나는 욕조에서 목욕하는 아이들, 말갛게 닦은 유리창에 비치는 햇살을 보면 행복합니다. 나는 주부와 글쟁이, 두 개를 다 하면서 만족을 느끼는 사람입니다.

이런 사람, 저런 사람 저마다 삶의 기준이 있고 만족의 척도도 다릅니다. 중요한 것은 자신의 기준대로 살아가는 것입니다. 그것이 무엇이 됐든 그 기준으로 삶이 만족스럽다면 그것으로 족합니다.

타인의 시선, 반사!

유모차에 자외선 커버를 씌우고 느긋하게 걷다 한 상점을 들렀습니다. 한 달도 안 된 아기를 보겠다며 나이 지긋한 상점 주인이 유모차를 들여다보며 말합니다.

"아이고, 애 질식하겠다. 더워, 더워, 커버 벗겨!"

'질식'이란 단어에 짜증이 나서 나도 모르게 쏴붙였습니다.

"아이 엄마가 애를 잘못되게 두겠어요?"

더위를 많이 타는 애가 민소매 원피스만 입고 시원하다며 좋아합니다. 4월 중순, 약간 쌀쌀했습니다.

"아이고, 춥겠다. 애 엄마, 옷 좀 입혀요."

길을 가다 말고 한 중년의 아주머니가 내게 말합니다. 좀 있다가 다른 아주머니가 같은 말을 합니다. 뭐라고 대답해야 할지 모르겠습니다. 애가 더워한다고 붙잡고 설명을 해야 하나요?

"어머, 속바지를 안 입었네?"

놀이터에서 신 나게 놀고 있는 큰애의 원피스 안으로 팬티가 보이자 한 엄마가 말합니다. 더워하는 아이에게 굳이 속바지를 입힐 이유를 모르겠습니다. 여자애는 왜 조신해야 하는 건가요?

아이가 태어나기 전에도 이런 참견들은 끊임없었습니다. 결혼해라, 애 낳아라, 둘째 낳아라, 돈 모아서 집 사라, 생활 전반에 관한 참견뿐만 아니라 육아에도 남들의 시선은 멈추지 않습니다. 그들 때문에 마음을 어지럽히지 말고 가슴 속 말을 꺼내세요. 그들의 관심은 자기 기준일 뿐, 그들은 당신의 기준에는 관심이 없습니다.

남편과
아내

아이를 낳기 전에 남편은 남자친구를 넘어서는 사랑스러운 존재였습니다. 그런데 왜 아이를 낳고 나니 이 남자는 그저 동료가 되어버렸을까요?

아이 낳기 전에는 남편 험담을 할 수가 없었습니다. 험담할 거리가 없었거든요. 그런데 왜 아이를 낳고 나니 이 남자는 게으르고, 자기만 알고, 내가 챙겨줘야 할 막내아들 같은 존재가 되어버렸을까요.

삶이 달라져서 그렇겠죠. 엄마, 아빠가 되어서요. 할 일이 많고 피곤하니 서로 의지하고만 싶죠. 그러나 의지만 해서는 좋은 관계를 유지할 수 없어요. 아빠를 육아에 적극적으로 참여시키고 엄마도 자신만의 시간을 가져야 해요. 그리고 무엇보다 엄마, 아빠 둘 만의 시간을 가지세요.

"여보, 나 오늘 힘들었어요. 안아줘요."

어떤 위로의 말이나 문제 해결의 말보다 한 번의 포옹이 더 많은 걸 해결할 때가 있어요. 그러니 하루를 끝내면 서로 등 돌리고 마음 상한 채 있지 말고 안아주세요. 안겨보세요.

남편과 툭탁거렸던 건 '나를 좀 더 봐줘'라는 마음의 거친 표현 아니었을까요? 사랑해서 한 결혼, 사랑해서 낳은 아이 때문에 배우자에 대한 사랑이 엷어져서는 안 되겠죠. 엄마, 아빠가 된 배우자의 모습은 새로운 사랑을 만들 기회예요. 서로의 삶을, 역할을 응원해주면서 계속해서 사랑에 빠지세요.

행복한
결혼

톨스토이 Leo Tolstoy · 러시아의 철학자이자 소설가. 《전쟁과 평화》, 《안나 카레니나》 외 다수

나와 남편은 매우 다른 사람입니다.

나는 불같이 화를 잘 내는 성격이고 남편은 화를 거의 안내는 사람입니다. 나는 내 방식대로 주도해야 직성이 풀리는 사람이고 남편은 도움을 받아야 더 잘한다고 생각하는 사람입니다. 나는 결정을 내릴 때까지 생각에 생각을 거듭하는데 남편은 굉장히 즉흥적으로 결정을 합니다. 심지어 우리는 태어난 나라도 달라 공유한 문

화도 다릅니다.

그런데도 우리는 지금까지 잘 살고 있습니다. 그 비결이 뭘까, 곰곰이 생각해봤습니다. 역시 답은 우리가 다르기 때문입니다.

남편은 행복을 만드는 작은 것을 볼 줄 알고 나는 그가 찾은 작은 것에 행복해합니다. 남편은 쉽게 의기소침해지는 경향이 있고 나는 그를 어떻게 북돋아줄지 압니다. 스스로 스트레스를 많이 받는 나를 남편은 느슨하게 만들 줄 압니다. 그리고 무엇보다 남편에게 나는 그의 삶을 완벽하게 만들어준 사람이고, 나에게 그는 내 생활의 중심입니다.

서로 다른 우리가 일으키는 서로 다른 문제에 심각한 마음고생 없이 지금까지 온 것은 서로, 다르기 때문일 겁니다. 다르게 대응하고 다르게 생각합니다. 그래서 우리는 우리의 단점을 서로 보완해줍니다.

아마 다른 모든 부부도 마찬가지일 겁니다. 다만, 서로 다름을 보완할 점이라고 생각하느냐, 그렇지 않으냐, 차이가 있을 뿐입니다.

부부 프로젝트 ;
가사 룰 정하기

친정과 시댁에 번갈아가며 몇 주간 머물 때였습니다. 친정과 시댁의 살림살이가 어디에 있는지, 어떻게 정리하는지를 배워야 했습니다. 그 집은 내 집이 아니었거든요.

내 집에 왔습니다. 가재도구를 새로 배치하면서 특히, 부엌은 몇 번이고 생각해서 그릇들을 담고, 조리도구를 정리했죠. 그건 내가 일하는 '내 부엌'이거든요.

부엌을 장악하지 않은 유부녀를 본 적이 없습니다. 남편들은 그곳에서 이인자로 남아 아내들의 동선과 정리법을 새로 '배워'야 합니다. 그렇지 않으면 컵 하나도 빨리 찾지 못합니다. 아내의 손으로 정리된 집에서 남편은 책임감을 갖기 어려운 것 같아요. 내가 친정이나 시댁에서 그랬던 것처럼.

아내가 지배하는 공간에서 어떻게 해야 할지 모르는 남편은 시키는 일만 할 수밖에 없습니다. 만약 남편 나름대로 해놓았다가는 아내의 잔소리가 쏟아집니다.

"설거지를 이렇게밖에 못 하느냐, 빨래는 왜 또 이렇게 해놨냐, 됐다, 내가 하고 만다……"

우리 집이나 남의 집이나 마찬가지일 거예요. 누구도 내 마음처럼 해줄 수는 없어요.

살림하는 법, 수납하는 법을 알려주는 책이 멈추지 않고 나오는 이유가 있습니다. 그건 배워야 하는 일이거든요. 그러니 부부끼리 서로의 룰을 정하고 지키려는 대화를 해보세요. '왜 안 하느냐'는 비난보다 '이렇게 하자'라는 제안으로 대화를 꾸려보세요. '가사 노동'이 '부부 프로젝트'로 변신할 기회입니다.

엄마의 삶,
나의 삶

Do your duty and a little more and the future will take care of itself.

앤드루 카네기 Andrew Carnegie · 19세기 강철 산업을 이끈 기업가

육아로 인한 경력 단절은 많은 여성이 겪는 문제입니다. 나 역시 아이를 키우는 동안 경력 단절로 인해 불안했음을 고백하지 않을 수 없습니다. 아이를 위해 살림, 빵 굽기에 일가견이 생겼지만 나는 다시는 글을 쓸 수 없을까 봐, 다시는 일을 할 수 없을까 봐 몸이 달았습니다. 고민에 몰두하다 보면 격심하게 우울해졌습니다. 불안은 자기 비하로 연결되기도 했습니다.

'이렇게 살 수는 없어!'

먼저 나와 내 생활을 점검했습니다. 캐나다에서 이민자로 살면서 영어 때문에 떨칠 수 없었던 의기소침을 벗어버리기로 했습니다. 위축되어 있으니 더 불안했던 모양입니다. 더불어 아이 때문에, 이 나이에 무슨 공부를 또 하나 했던 생각을 버렸습니다. 토플 공부를 시작했고 시험을 봤습니다. 얼마간의 자신감이, 무엇보다 내 영어가 끔찍하지 않다는 희망이 생겼습니다! 그래서 나처럼 힘들어 영어를 공부하는 누군가를 도와주고 싶은 꿈이 생겨 영어 교사 자격증을 땄습니다. 더불어 번역을 해보고 싶다는 꿈도 생겼습니다. 뭘 해야 할지 몰랐는데 막상 시작하고 나니 할 일이 많습니다.

막막하다고 느껴질 때, 우리에게 필요한 건 자기 점검과 그로 인한 목표 설정입니다. '천 리 길도 한 걸음부터', '늦었다고 생각할 때가 가장 빠른 때'라는, 익숙하지만 실행하기 어려운 말을 되뇌입니다.

나다운 나

아이를 낳고 망가진 몸을 보기 싫을 때가 많습니다. 탄력 있던 뱃살은 늘어진 채 쭈글쭈글하고 탐스럽던 가슴은 오랜 수유로 예전 같지 않습니다. 나이가 드니 등에도 살이 찐다는 말이 이렇게 와 닿을 줄 몰랐습니다. 동안이라고 자부하던 얼굴은 지울 수 없는 주름이 생긴 지 오래입니다.

하지만 신기하게도 친구들끼리 만나면 서로 칭찬을 하느라 바쁩니다. 이렇게 망가진 몸인데도 친구들은 괜찮다, 아직 멀었다라고 격려해줍니다. 기분 좋은 거짓말을 나도 그들에게 합니다. 다들 늙었다는 것을 대놓고 인정할 수가 없나 봅니다. 그럼요, 아직은 아닙니다.

나이듦이 나쁜 것만은 아닙니다. 나에 대해 더 잘 알게 되었거든요. 내가 모르는 나. 우습게 들립니다만, 나에 대해 잘 알기는 쉽지 않은 것 같아요. 음악을 좋아한다고 생각했는데 그보다 고요를 더 좋아하더라고요. 사람들과 함께 있는 걸 좋아한다고 생각했는데 그보다 혼자 있으면서 에너지를 얻더라고요. 정리벽이 있는 줄 알았는데 게으름이 그걸 넘어서더라고요.

육아 몇 년 사이에 사람과의 관계며, 나에 대한 깨달음이며 알게 된 게 많습니다. 이런 정도면 늙음이 그다지 서글프지는 않아요. 오히려 나는 점점 현명해질 테고 점점 유연해질 테니까요. 겉치레를 벗은 대신 안 치장을 하고 있습니다. 그래요, 나는 아줌마고 그런 내가 좋습니다.

우리가 친구에게 말하듯, 스스로에게도 괜찮다고 말해줄 필요가 있습니다.

거울 앞의 나

어릴 때는 '마음고생'이 뭔지 잘 몰랐습니다. 넉넉한 형편은 아니었지만 단란한 가족이었고, 진로에 대해 고민했지만 그 정도 고민 안 하는 사람이 어디 있을까요. 나는 밝은 아이였습니다.

20대 중반에 아빠가 갑자기 돌아가시면서 악재가 겹쳤습니다. 그즈음, 사진 속의 나는 날카로운 눈매를 하고, 웃어도 웃는 게 아닌, 어색하고 자신감이 없어 보입니다. 내 마음도 그랬거든요.

그래서 여행을 떠났습니다. 그러면서 마음의 어둠을 털고 사랑을 만났어요. 그즈음의 나는 생애 최고로 예뻤습니다.

서른 후반의 나는 편안해 보입니다. 나의 삶을 격려해주는 성실한 남편과 사랑스러운 두 딸과 함께 담담하게 하루를 삽니다. 마음이 얼굴을 만들어줍니다. 삶의 태도가 몸으로 드러납니다.

암 검사가 포함된 건강검진을 받아야 할 나이, 마흔이 다가오고 있어 두렵지만 어쩌겠습니다. 어떤 회오리가 나를 덮칠지 예상조차 할 수 없어요. 그러니 50대, 60대의 내 모습을 어떻게 가늠할까요. 다만, 중심을 잡으며 살고 싶다고 다짐합니다.

누구도 생을 장악하면서 살아갈 수 없습니다. 무수한 변수 앞에서 가져야 할 것은 흔들림 없는 자신, 그로부터 나오는 방어력 아닐까요?

내 밥상
차리기

*You can search throughout the entire universe for someone who is
more deserving of your love and affection than you are yourself, and
that person is not to be found anywhere. You yourself, as much as
anybody in the entire universe deserve your love and affection.*

부처 Buddha · 불교를 창시한 인도의 성자

많은 엄마가 동감할 겁니다. 남편이나 아이들을 위해서라면 지갑을 술술 열어도 나를 위한 것에는 인색하다는 사실을요. 나 역시 그렇습니다. '티 쪼가리' 한 장 사는 게 아까워 며칠을 고르고 고르다 오천 원짜리 하나 사고 신 납니다. 겉치레, 이를테면 옷이나 액세서리보다 중요한 게 있음을 알게 된 까닭이겠죠.

많은 엄마가 동감하지 않을 수도 있지만, 나는 애들이 먹던 음식

누구나
처음 엄마

188

을 먹지 않습니다. 남은 음식은 미련 없이 음식물 쓰레기통에 쏟아 붓습니다. 남편이 먹겠다면 그냥 두지만 나는 그러지 않습니다.

아깝게 음식을 남기느냐는 엄마들, 그들은 이런 말도 했습니다.

"애들이 남긴 거 먹다 보니 살이 찌네."

"아무래도 남편이 먹다 남긴 밥을 먹어서 병이 옮았나 봐."

그래도 그들은 남긴 밥 먹기를 멈추지 않습니다.

어쩌다가 혼자 먹어도 예쁘게 담아 먹습니다. 자기를 위해야 남들도 나를 위해준다는 엄마의 가르침 덕분입니다. 요리를 할 때 많이 하지 않습니다. 두 번 먹는 걸 싫어하기도 하고 남은 것을 냉장고에 재워두면 곰팡이가 생긴 채로 버리더라고요. 무엇보다 몸에는 신선한 것, 좋은 걸 채우고 싶습니다.

내 몸은 애들이 먹다 남긴 음식보다 훨씬 더 귀하거든요. 그리고 무엇보다 엄마가 건강해야 아이들을 잘 키울 수 있으니까요.

밥이 보약입니다. 먹는 것으로 병이 생깁니다. 나를 사랑하는 방법은 잘 먹기, 좋은 것 먹기로 시작된다고 믿습니다.

꿈
놓지 않기

친구의 집에 놀러 갔습니다. 말을 하지 않아 전혀 몰랐는데, 이 친구, 첼로를 켜고 있습니다. 신기해하며 해보겠다는 남편과 아이들을 보면서 웃었지만 조금 서글프기도 했습니다.

아이를 낳기 전, 나는 첼로나 해금 같은 현악기를 배우고 싶었습니다. 첼로의 장중하면서도 섹시한 음색이 늘 마음을 흔들었습니다. 바람 같은 해금의 아스라한 소리도 가지고 싶었습니다.

　그래서 회사 근처, 해금 학원을 수강했었죠. 야근에, 주말에도 나와야 하는 업무량에 결국 한 달도 다 못 채우고 접었습니다. 먼 곳에 학원이 있어서 첼로 배우기는 꿈도 꾸지 못했죠.

　그걸, 언젠가 해보겠다고 벼르던 첼로를, 친구가 하고 있었습니다. 아직 시도조차 하지 못한 언젠가의 내 꿈.

　'그걸 너는 하는데 나는 못하고 있구나.'

　그게 서글퍼서, 첼로를 켜보라는 친구의 권유를 못 들은 척했습니다.

　'영영 못하는 것은 아닐까?'

　혼자만의 생각에 빠져있을 때, 남편이 말했습니다.

　"우리 첼로 살까?"

　첼로를 배우고 싶어 했음을 아는 남편입니다. 나의 감정을 알아챘는지 어쨌는지 모르겠지만 그렇게 말해준 남편이 고마웠습니다. 그의 말 때문에 용기가 생겼습니다.

　"지금 샀다가는 애들이 다 부술 걸? 괜찮아. 나중에 때가 올 거야."

　서글퍼만 해서는 꿈이 이루어지지 않을 겁니다. 나이가 어찌 됐든, 죽지 않는 한, 내가 원하는 한, 하게 될 겁니다.

고부관계의 해법 ; 그녀는 내 엄마가 아니다

아이를 낳기 전에 시어머니와의 관계가 그리 좋은 편이 아니었습니다. '홀어머니의 외아들'을 결혼 대상자로 기피하는 이유를 미루어 짐작할 수 있었습니다. 시어머니 때문에 마음에 불이 일 때면 포털 사이트의 이야기 방에 시어머니 욕을 한 바가지 올려놓아야 불이 사그라지곤 했습니다.

그후 아이가 태어났고 나는 종종 시어머니를 생각했습니다.

'내가 내 아이를 사랑하는 것처럼 그녀는 남편을 사랑했겠지. 이런 사랑스러운 아이를 내게 보냈으니 얼마나 마음이 아플까.'

그러다 보니 그간 당연했지만 인정하지 못했던, 아니 인정할 수 없었던 사실을 직시했습니다. 나도, 사랑받고 싶었습니다. 그러나 시어머니는 나보다 남편을 더 사랑합니다. 인정하고 나니 시어머니에 대한 기대가 작아졌습니다. 관계에 대한 부담이 없어졌습니다. 그녀가 우리 엄마는 아니거든요.

이제 가끔씩만 포털 사이트에 올라오는 비상식적인 시댁 이야기를 읽습니다.

'이런 몰상식한 가족도 존재하는구나.'

힘들겠다고 생각합니다. 포털 사이트의 누군가가 그랬습니다.

'이곳은 마음 아픈 사람들이 와서 하소연하고 가는 곳'이라고. 나도 그랬고 누군가도 그렇게 합니다. 그렇게 다른 가족을 품고 삽니다.

도움
받기

헬렌 켈러 Helen Keller · 미국의 작가이자 사회사업가

남편이 가끔 설거지를 하면 싱크대에 물기가 그대로 있습니다. 수세미는 널어서 말리라고 몇 번을 말해도 구석에 젖은 채로 있습니다. 매번 행주를 빨지 않고 싱크대에 널어놓습니다. 그래도, 설거지를 안 하는 것보다 훨씬 낫죠.

남편이 가끔 하는 요리는 대부분 조리된 냉동식품입니다. 그런데도 부엌은 볼만하죠. 그렇게 하지 말라고 해도, 다시 써야 할 냄비

뚜껑은 싱크대 안에 들어가 있고, 조리대는 부스러기가 가득하고, 설거지할 것도 산더미입니다. 그래도 안 하는 것보다 훨씬 나아요.

친정어머니나 시어머니가 가끔 아이들을 봐주실 때는 마음을 비워야 합니다.

텔레비전 무한 시청이나 사탕, 아이스크림 무한 리필이 덤으로 오거든요. 무어라고 한마디 입바른 소리를 했다가는 사단이 일어납니다.

"나를 무시하는 게냐?"

살림, 육아, 일, 내가 다 할 수 없어서 도움을 청합니다. 그 도움이 내 마음에 들지 않을 때가 너무 많습니다. 차라리 도와주지 말라고 하고 싶지만 내가 주저앉는 것보단 낫죠. 그러니 그들이 그들의 방식대로 하도록 내버려두세요.

아침
커피 한 잔

Sorrow can be alleviated by good sleep, a bath and a glass of wine.

토마스 아퀴나스 Thomas Aquinas · 이탈리아의 가톨릭 신학자

아침에 일어나면 물을 끓입니다. 커피콩을 갑니다. 커피는 꼭 '에디오피아산 예가체프'를 씁니다. 끓인 물은 조금 식히고, 따뜻하게 데운 컵과 세라믹 드리퍼, 무표백 종이 필터를 차례로 올립니다. 약간 거친 듯 간 커피가루를 담고 물을 세 번 부어 커피를 내립니다. 그리고 첫 모금이 주는 쾌감에 젖습니다.

수고롭게 보이는 이 일을 하지 않는 아침을 상상할 수 없습니다.

다른 방법으로 만든 커피는 어떻게 해도 맛이 없거든요.

'좋은 커피로 여는 아침'은 오랜 버릇입니다. 온 감각이 입과 코에 머무는 것 같은, 커피와 나만이 존재하는 그 순간, 온전한 내가 거기 있습니다. 그러니 수고로워도 이 즐거움을 포기할 수 없습니다.

아이가 생긴 후로는 더욱 집착했던 것 같습니다. 내 것을 포기해야 하는 생활이 열린 후, 단 하나만이라도 나를 위한 즐거움을 갖고 싶었나 봅니다. 생각해보면 잘한 것 같습니다. 하루에 단 5분만이라도 엄마가 아닌 나로 머물 수 있는 즐거움이 아이가 어릴 때는 더 필요했습니다.

이제 아이들이 커피를 타다 줍니다. 플라스틱 장난감 컵에 보이지 않는 커피를 두 딸이 경쟁하듯 타다 줍니다. 열 컵은 더 마셔야 끝나는 아이들의 접대에 나는 즐거움을 만끽합니다.

사소하지만 즐거운 일, 하나쯤은 꼭 있어야 합니다. 엄마라면 더욱더.

티끌 모아
태산

나는 작은 것에 기분이 좋아집니다.

'다이소'에서 산 3,000원짜리 쟁반이나 1,000원짜리 냄비 손잡이가 그렇게 좋습니다. 각기 다른 바닷가에서 주운 조개껍질을 병에 모아놓고 보며 남편과 "이게 태국에서 주운 건가? 이건 호주였나?"라고 말하는 걸 좋아합니다.

물론 작은 것에 실망하고 좌절하기도 합니다. 약속보다 15분 늦게 귀가한 남편 때문에 울면서 호박을 자른 적도 있고, 모르고 세탁기 돌린 옷에 보풀이 확 올라왔을 때는 두고두고 속상해합니다. 심지어 10년 전, 인도 여행할 때 사려다 그만둔 발뒤꿈치 각질제거기를 떠올릴 때면 왜 결정을 못했느냐며 아직도 자책합니다. 그래요, 나는 일희일비하는 사람입니다.

그런데도 작은 것에 기분 좋아지는 일을 멈출 수 없습니다. '티끌 모아 태산'이라는 말을 나는 감정에도 붙입니다.

맛있는 걸 먹으면 기분이 좋습니다. 그래서 끼니때마다 맛있는 걸 먹습니다. 설거지거리가 많아서 짜증이 납니다. 가끔 남편이 해주면 매우 기쁩니다. 바닥이 더러워서 기분이 나쁩니다. 물티슈로 슥 닦고 '됐어' 하고 만족합니다. 심심할 만하면 이웃들을 모아 파티를 합니다. 피곤해도 활력을 얻습니다.

행복한 게 많으면 대체로 행복하고 그것으로 작은 좌절을 대체합니다. 그러면서 큰 좌절도 극복할 자세를 연습합니다.

두려울 때

내 생애 가장 큰 결심인 해외 배낭여행을 떠나기 전, 모든 것이 두려웠습니다.

'영어도 못하는데 괜찮을까? 가서 어떻게 살아남지?'

하지만 저지르고 나니 두려움이 사라졌죠. 여행의 결과로 나는 사랑하는 남편을 만났고, 그 남편과 함께 세상에서 가장 사랑스러운 두 딸을 얻었으며, 현재 내 삶은 평화롭습니다. 한 번 저질렀던

과거로 인해 나는 다시 저지를 수 있는 용기를 얻었습니다.

하고 싶은 일이 있는데 육아 때문에 못하고 있나요? 점점 더 할 수 없을 것 같아서 두려운가요? 정신없는 아줌마가 되는 것 같은 불안감에 떨고 있나요? 나이는 먹는데 해놓은 것은 아무것도 없어서 걱정되나요?

우리가 두려워하는 것은 불확실한 미래 그 이상, 그 이하도 아닙니다. 이 불확실한 것을 확실하게 만들려면 뭘 해야 할까요? 별거 없습니다. 저지르기, 그다음은 버티기. 사실 저지르고 나면 생각보다 어렵지도 않고 헤쳐나갈 만합니다. 보세요, 엄마가 된 일, 그만큼 무섭고 떨리는 일이 또 얼마나 있었나요? 보세요, 지금 얼마나 잘 버티고 서 있나요?

두려움은 머릿속에 있습니다. 원하는 것이 있다면 두려워하지 말고 저지르세요. 두려움은 사라지고 성취감, 행복감이 차오릅니다. 그러면서 생각합니다. 대체 내가 뭘 두려워했던 거였지?

감정 정화법 찾기;
불쾌한 기억 삭제

오랜만에 만난 친구가 말했습니다.

"가끔 미친 것 같아. 출산 후 복직 문제로 회사를 그만둔 게 일 년째 나를 괴롭혀. 설거지하다가, 빨래 개다가 갑자기 생각나. 왜 이러는 거지?"

나에게도 비슷한 기억이 있습니다. 갑자기 타 부서로 발령을 받고 힘들어하다 결국 회사를 그만두었거든요. 마치 이전 부서에서 나를 버린 듯한 느낌에 많이 힘들었습니다. 지금은 퇴사를 잘했다고까지 생각합니다. 사실, 일하기 싫었거든요.

이후에 친구를 다시 만났습니다. 내 이야기를 들은 다음부터 그때의 기억이 다시는 나지 않았다며 고마워했습니다. 상처를 털고 나니 더 이상 기억에 시달리지 않았나 봐요.

나쁜 기억 때문에 힘들면 나는 그 일을 글로 씁니다. '내용증명'처럼 또는 '고객의 소리'처럼 나의 감정과 그들의 태도를 글로 토합니다. 그러고 나면 더 이상 괴롭지 않습니다. 나만의 카타르시스, 감정의 정화입니다.

여자들은 대화로 정화를 많이 합니다. 나 역시 그렇습니다. 그러나 타인에게 말하기 어려운 일도 있어요. 그럴 땐 어떻게 하나요? 글쓰기도 좋고, 기도도 좋고, 운동도 좋습니다. 정화할 수 있는 나만의 방법, 그게 있다면 기억 부스러기가 오래 남지 않아요.

파티 열기;
사회관계망 넓히기

아이와 같은 또래 아이를 둔 엄마들과 많이 어울렸습니다. 공원에서 간단히 소풍을 하거나 점심 모임을 만들기도 했죠. 무엇보다 즐거웠던 건 그들과 함께 만드는 파티였습니다. 다행히 아파트 단지 내 공용 공간이 있어 파티하기가 쉬웠죠.

각자 나눌 음식을 만들어와 아이들도 풀어 놓고 엄마, 아빠들은 사는 이야기를 하는 파티였습니다. 서로의 음식 솜씨 칭찬부터 아이들 자라는 이야기까지, 대화거리가 많았습니다.

그렇지 않을 때는 집에 친구들을 초대했습니다. 김밥 만들기, 만두 빚기, 쿠키 굽기 등 아이들과 할 것도 많았죠. 친구들을 초대하면 할 일이 많습니다. 우선 손님이 오니 집을 치워야 하고, 모두 돌아간 뒤 산더미 같은 설거지나 폐허 같은 집 치우기도 감안해야죠. 그래도 파티를 하고 나면 활력이 돌았습니다. 친구들도 모두 기분 좋게 놀았다며 다음엔 자기네 집에서 하자고 말하죠. 그렇게 파티는 돌고 돌았습니다.

파티를 자주 여세요. 사람들을 집에 초대하고 초대받으면서 활력을 얻고 또 열심히 일상을 사는 거죠. 아이들에게도 좋은 영향을 줄 수 있습니다. 엄마가 교류한 많은 사람이 아이들에게는 이모, 삼촌이잖아요. 관심 주는 어른들이 많아져 아이는 행복할 뿐만 아니라 사회성도 기르게 됩니다. 모두가 행복해지는 소소한 파티들이 인생을 파티로 만들어줄 거예요.

변화
주기

For the past 33 years, I have looked in the mirror every morning and
asked myself: 'If today were the last day of my life, would I want to
do what I am about to do today?' And whenever the answer has been
'No' for too many days in a row, I know I need to change something.

스티브 잡스 Steve Jobs • 새로운 아이디어로 세계 디지털 산업을 바꾸어놓은 애플의 창시자

첫째가 어릴 때, 육아에서 벗어나고 싶었습니다. 그맘때의 남편
은 너무 바빠서 육아에 참여할 수 없고, 주말에도 집에 없었거든요.
친구도, 가족도 없는 이국땅에서 너무 힘든 나머지 남편에게 싸움
을 걸어보고, 쇼핑에 빠지기도 했습니다. 그래도 달라지는 건 없었
습니다.

　나는 거의 매일 우울했고, 거의 매일 불평했습니다. 꿈도 희망도

모두 사라진 느낌. 매일같이 여섯 시에 일어나 아이만 봐야 하는 날들.

변화의 계기는 사소했습니다. 그저 엄마가 되기 전 했던 달리기를 다시 시작했습니다. 힘들지 않을까 우려했던 마음이 바람을 가르는 다리에 의해 사라졌습니다. 자주 결리던 몸은 단단해졌고, 그 체력으로 밖에 나가서 놀아주니 아이가 덜 칭얼거렸습니다. 불만에 차 남편을 공격하는 일도 줄었습니다. 그렇다고 육아가 쉬워지지는 않았지만 내 마음가짐이 달라지니 조금 수월했습니다.

엄마가 된 일은 내 인생에, 누구나의 인생에 정말 큰 변화입니다. 그러니 마음의 변화는 따지고 보면 당연합니다. 물론 쉬운 일이 아닙니다. 한꺼번에 바꾸려면 지쳐서 더 힘들어지니 조금씩, 천천히 시도해보세요. 그러다 보면 달라져 있을 겁니다.

유난 떨기

육아를 하면서 유난 떤 일이 하나 있습니다. 아이 먹이는 일입니다. 가급적 유기농으로 먹였고 화학첨가물이 들어간 음식은 돌아보지 않았습니다. 가족력이 있는 이유가 제일 큽니다.

아토피란 말이 없던 시절, 나는 지금의 아토피, 그때의 습진에 수년간을 시달렸습니다. 피가 나도록 긁고 잠도 잘 못 자서 무척 예민한 어린 시절을 보냈죠. 그때 식습관을 달리했더라면 조금 나아졌

을지도 모릅니다. 그런 기억에 덧붙여 시어머니도 알레르기 체질이
라 아이 먹이기에 엄청나게 까탈을 부렸습니다.

이유식 먹일 때는 아예 한 달 계획을 세웠고, 지금도 일주일치 메
뉴를 미리 짜서 식료품을 삽니다. 그러면 뭐 먹을지 고민하지 않아
도 되고 준비하기도 수월하거든요.

"아이고, 어떻게 그렇게 매번 메뉴를 다르게 먹어?"

한 친구가 말했습니다. 그녀는 저녁에 한 솥 끓인 국을 다음 날
아침에 또 먹습니다. 부엌에 있을 시간에 다른 걸 하고 싶답니다.
일리 있는 말입니다. 하지만 나에게는 '건강하게 사는 일'이 굉장히
중요해서 먹기에 유난을 떠는 게 오히려 마땅합니다.

잘 먹은 아이가 잘 자랍니다. 까다로운 아이가 잘 먹지 않는다고
도 하니, 먹을 것에서는 무던하고 잘 자라고 있는 두 딸이 고맙기도
합니다. 어쩌다 아이를 잘 키웠다는 칭찬이라도 들으면 엄마 노릇
을 잘하고 있는 것 같아 기분이 좋습니다.

유난 떨지 않기

There's a definition of narcissism that when a parent is narcissistic,
instead of the child seeing himself reflected in the mother's face
and the mother's joy, the child of the narcissistic parent feels like,
'What can I do to make her okay, to make her happy?'

수잔 설리번 Susan Sullivan · 미국의 배우

학군이 좋은 지역에 사는 친구가 말했습니다.

"여기 사는 엄마들은 좀 이상해. 밤 11시까지 짜놓은 애들 스케줄에 맞춰서 애들을 기다렸다 움직이고, 심지어 학교생활 잘하는지 창문으로 보기도 하고, 소풍도 몰래 따라가서 본대!"

그러자 다른 친구가 말했습니다.

"할 일들이 없나 보지."

"아니야, 자기들의 헌신을 떠벌리면서 그렇게 못하는 엄마들에게 유세를 부리고 있다니까. 근데 그게 헌신이야? 애들 생활 들여다보는 게? 애들 다 큰 다음에는 어떻게 할 건데?"

글쎄요. 아이들 뒷바라지만 하던 엄마들은 다음에 무얼 할까요? 아이들은 스스로 삶에 몰입해 엄마의 '아이 바라기'를 못 본 척할 텐데요. 우리가 그런 것처럼.

혹시나, 아이들에게 자신이 이루지 못한 욕구를 투사하고 있지는 않나요? 자신이 뒷바라지하면 아이들이 그것을 이루어줄 거라고 은연중에 믿고 있나요? 아니면 내 아이는 최고여야 한다고 생각하나요? 그 뒤에는 내가 가장 사랑하는 '내'가 낳은 아이이기 때문은 아닌가요?

무엇이 됐든 자기애에서 비롯된 유난일 뿐입니다.

삶의 비결

As soon as you trust yourself, you will know how to live.

요한 볼프강 폰 괴테 Johann Wolfgang Von Goethe · 독일의 철학자, 작가. 대표작 《파우스트》 외 다수

자연분만으로 아이들을 낳았습니다. 무통주사도 맞지 않았습니다. 첫째는 조산사의 도움으로 집에서 낳으려고까지 했죠. 초산의 산모가 출산의 고통이 뭔지 알 턱이 있습니까. 스무 시간을 집에서 씨름하다가 결국 "나, 못해!"라고 소리치고 무통주사를 찾아 병원으로 갔습니다. 가는 도중 자궁문이 열려 병원 도착 후 30분 만에 낳았습니다.

18개월이 지나 '돌아버릴 것 같이' 아이가 예뻐서 둘째를 가졌습니다. 출산의 고통이 뭔지 아는데도 무통주사를 선택하지 않았습니다. 한 번 해봤으니 잘할 수 있을 것 같았거든요. 자신도 있었고 실제로 샤워도 하고, 짐볼에도 앉아있으면서 고통을 잘 갈무리했습니다. 아기에게 위험한 순간이 있었지만 무사히 낳았습니다.

두 번의 자연분만이 나에게는 육체적으로 가장 큰 시련이었습니다. 하지만 할 수 있다고 생각하니 할 수 있었습니다. 지금도, '애도 낳았는데 이걸 못해?'라고 생각하면 은근히 마음이 달라집니다.

애 낳고 길러본 엄마들, 그녀들의 자신감은 나와 다르지 않을 겁니다. 엄마만이 공유하는 자신감, 그건 단순히 분만의 고통만이 아니라 생명을 탄생시키고 기르는, 세상을 돌아가게 만드는 막중한 일을 하고 있기 때문일 겁니다. 그러니 자신을 믿으세요. 못 할 일이 어디 있겠습니까.

우울
다스리기

사는 게 피곤할 때 아이마저 다스리기 버겁다면 우울해집니다. 육아가 힘들어서 삶이 피곤할 때도 그렇죠. 우울은 꼬리에 꼬리를 물면서 풍선처럼 커지는 성질이 있으니 물리치지 않으면 점점 삶을 장악합니다.

한 중년 부인은 삼십 대 중반부터 전신이 아파왔습니다. 모든 의사가 문제는 그녀의 마음에 있지, 몸이 아니라고 했습니다. 진통제를 달고 사는 매일, 그녀는 결국 우울증에 걸렸습니다. 십 년 후, 그녀의 병에 붙은 이름은 신경섬유종. 그녀는 병과 함께 천천히 우울증을 극복했습니다.

마이클 폴리는 자신의 저서《행복할 권리》에서 심리학자 아론 베크와 앨버트 앨리스의 우울증 환자 치료법을 소개했습니다.

아론 베크는 우울증 환자들은 공통적으로 "난 아무짝에도 쓸모없어", "세상은 황량해", "앞날엔 희망이 없어"라고 말한다고 지적했습니다. 그 환자들에게 우울한 기분을 글로 쓴 후 원인을 찾아 제거하는 해결책을 제시했죠.

앨버트 앨리스는 "난 성공해야 하고", "누구나 내게 잘 대해주어야 하고", "세상은 반드시 살기 쉬워야 한다"는 세 가지 인식이 많은 이들을 우울하게 만든다고 했습니다. 이 인식이 착각이라는 것을 깨닫는다면 우울증을 극복할 수 있다고도 했죠.

원인과 해결책은 동전의 양면 같아요. 우울의 원인이 무엇인지 안다면 극복할 수 있습니다. 우울한 엄마가 우울한 아이를 길러냄을 잊지 마세요.

자기비하 금지

아이작 아시모브 Isaac Asimov · 미국의 과학자

요리를 못하는 엄마가 있습니다. 요리에 관심도 없고 잘하지도
못합니다. '친정엄마표' 반찬이 없으면 난감할 때도 있습니다. 남편
은 도움을 주지 않습니다. "밥상이 이게 뭐냐?"라고 역정이나 내지
않으면 다행입니다. 남편이 그럴 땐 "니가 차려 먹어!"라고도 할 수
있겠지만 아이에게는 그럴 수 없습니다.

요리를 좋아하지도, 잘하지도 않는 엄마는 아이를 위해 앞치마를 입었습니다. 심기일전, 소문난 레시피를 찾아보고 신선한 재료를 썼습니다. 본인이 생각하기에도 뿌듯하게 차려 아이 앞에 내었습니다.

"엄마, 나 이거 싫어. 다른 거 주세요."

아이가 이렇게 말하자 속에서 천불이 납니다. "너를 위해 엄마가 이렇게 열심히 만든 거 안 보여?"라고 말하고 싶지만 마음을 다스리고 아이가 좋아하는 소시지나 김을 꺼냅니다. 화, 실망이 사그라진 후, 자기 비하가 머리를 들고 일어납니다.

'난 엄마 자격이 없나?', '아이가 날 싫어하나?', '대체 어떻게 해야 하지?'

아이가 엄마의 노력을 인정해주지 않아도 너무 속상해하지 마세요. 아이와 엄마는 서로 다르고, 각자 서로에게 맞추려고 애쓸 뿐이에요. 자신의 결점은 결점대로 받아들이고 잘할 수 있는 것으로 아이와 함께 하세요. 아이도 그런 엄마를 받아들입니다. 결점이 없는 사람은 없으니까요.

흔들리며
나아가기

Hoc quoque transibit.

라틴어 명언

결혼을 했습니다. 결혼식이 끝나자마자 웨딩드레스를 입었던 내 모습은 온데간데없었습니다. 생활은 여전히 지속되었습니다.

아이를 가졌습니다. 엄마가 되고 나니 '하녀'로 전락한 기분입니다. 이유식을 뒤집어쓰면서 아이에게 밥을 먹였습니다. 하루 종일 아이를 보고 나면 멍하게 아무 생각하고 싶지 않았습니다.

이제 아이는 엄마와 떨어져 유치원에 갑니다. 말대꾸를 하기도 합니다. 지나갈 것 같지 않던 시간들이 흘러 여기까지 왔습니다.

헐떡거리면서 여기까지 왔는데 넘어야 할 산은 더 크고 더 높아 보입니다. 가끔은 눈앞에 닥친 문제들 때문에 잠이 오지 않을 때도 있습니다. 아, 당신만 그런 게 아니에요.

가끔 이런 생각을 합니다. 어엿한 사회인이 된 아이, 결혼할 사람을 데리고 온 아이, 부모가 된 내 아이, 그래서 엄마 마음을 이해하게 된 내 아이. 그즈음이 되면 지금의 모든 근심들은 갓 태어난 내 아이의 손가락 감촉처럼 아련하기만 할 거예요.

이 모든 것이 지나갈 것이고 누구도 우리가 서있는 자리를 탓하거나 몰아세우지 못할 거예요. 그저 조금씩 나아가는 것, 그거면 충분할 겁니다.